让生命在学生自主中绽放精彩

——学生“自主管理”模式的建构实践

杜　涛　戴　彦　冯伟青　著

湘潭大學出版社
XIANGTAN UNIVERSITY PRESS

前 言

从生物学、哲学和心理学三个角度，可以把个体生命分为自然生命、社会生命和精神生命。生命的自然属性也即自然生命，决定着人的生命长度，即寿命的长短；生命的社会属性也即社会生命，决定着人的生命宽度，它是以文化为内核和根基，从零开始不断拓展的；生命的精神属性也即精神生命，决定着人的生命高度，它并非纯粹指人在成功的顺境中所能达到的高度，也包括人在失败的逆境中所处的低谷，因为生命的深刻体验和灵性的深层次激发，也构成了富有意义的生命高度的一部分。生命的长度、宽度和高度统一在一起，共同凝结成了人的生命亮度。

“教育的本质是生命教育。”这一论断是著名教育家顾明远教授提出的。他认为教育是培养人的社会活动，是人类生存发展超越自我的重要途径，这就是教育在人类发展进程中的重要性。叶澜教授曾给教育下过这样一个定义：教育是直面人的生命，通过人的生命，为了人的生命质量的提高而进行的社会活动。生命教育本质上是一个实践问题。生命教育的本质就在于它试图去解决生命所出现的问题。生命教育并不执着于回答教育的真理或生命的意义，而是回答什么才是生命所需要的真理。生命教育是帮助学生认识生命、珍惜生命、尊重生命，提高生存技能和生命质量的一种教育活动。生命教育是一种全人教育，既关乎人的生存与生活，也关乎人的成长与发展，更关乎人的本性与价值，但不管从哪个角度、哪个维度去理解，我们更侧重于从实践层面，从学生自主的角度去切入，重点研究学生的学校教育，我们认为作为最好的教育就是让学生的生命在自主管理中去绽放人生的精彩，最大程度去促进个体生命的发展。

目 录

第一章　学生“自主管理”模式的建构

第一节　构建学生“自主管理”模式的缘起

自2008年十年校庆之后，双语学校立题进行“自主管理”研究，从学生、教师、学校三个层面同时展开。所谓“自主管理”，就是将科学管理思想与人本管理思想融为一体，充分发挥管理者与被管理者的主观能动性，唤醒被管理者自我成长的内在需求，赋予其自主管理的权力，并为其提供自我发展的空间和平台，促进其自我发展与主动发展。为达到自主管理的最佳效果，学校坚持“以终为始”的管理思维，分别从“管理对象、管理目标、管理方式、管理理念、管理的组织形式”五个方面进行研究，并在不同层面着力加强“领导力、执行力、创新力”三种能力的培养，从而激发出学校可持续发展的强大内驱力。

鉴于学校办学思想的落实，是要实现各类共同体的自主管理。我们重点从学生“自主管理”层面进行了相关研究与实践。因为学生自主管理，有助于帮助班级更自主地决定适合本班情况的决策，可以让班里的同学和老师都能放手去更好地开展工作和学习，能让同学们觉得在学校更自在一些，会少很多束缚；能让老师们更放得开，对学生也就更用心培养。如果在班级学生自主管理的基础上对老师和同学提出适当的要求，运用评价导向施加适当的压力，那对老师和学生无疑都是很有帮助的。对老师来说可以从繁重的教学和管理工作中得到适当解放；对学生来说可以培养能力、增添信心、宽松氛围、减轻负担、融洽关系、助人成熟，这也是我们至今仍在苦苦探索实践的原动力。

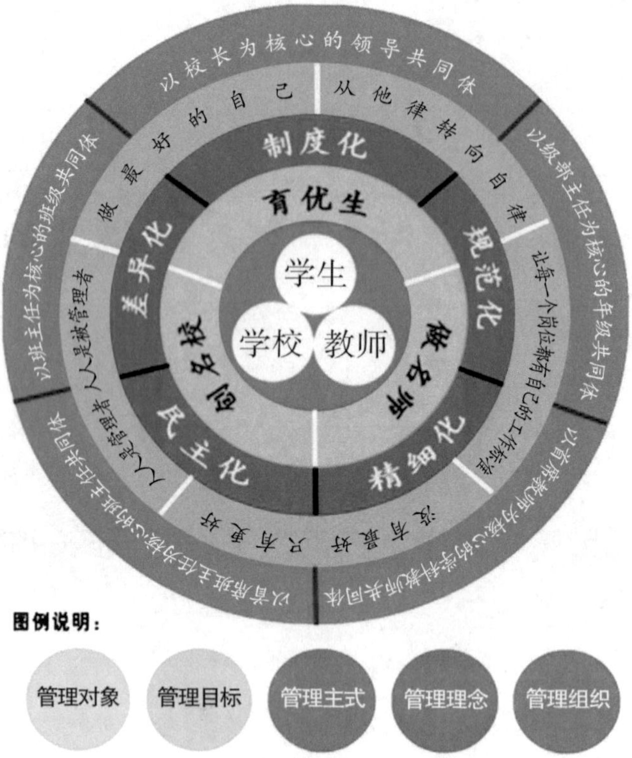

图 1－1　双语学校“自主管理”模式图

第二节　学生“自主管理”体系的内涵及内容

一、学生“自主管理”的内涵

学生自主管理是学生在教师积极引导下自行发现自我价值、发掘自身潜力、确立自我发展目标、形成适应社会发展和推动个体与社会发展的意识和能力的一种教育管理模式。自主管理全过程充分注重人性要素，充分注重人的潜能的发挥，对基层充分授权，激励基层和个人工作积极性，确切地说这更是一种管理思想。学生自主管理的核心理念就是以人为本，唤醒学生主人翁意识，尊重信任学生、依靠相信学生能够管理好自己，相信学生能够发展好自己，我们老师所做的，就是给学生提供一个良好的生存和发展环境，实现学生素养的全面提高。

学生自主管理思想来源于自我管理，但自主管理与自我管理又有着明显的区别，学生自主管理更倾向于团体的合作。自我管理：能正确认识与评估自我；依据自身个性和潜质选择适当的发展方向，合理分配和使用时间与精力；具有达成目标的持续行动力等。自我管理，即在个体范围内的管理，更偏重于私人行为，更接近于习惯的养成。基于对这一要点的解读，通过查证发现苏联教育家苏霍姆林斯基很早就深信没有自我教育就没有真正的教育，只有能够激发学生去进行自我教育的教育，才是真正的教育。在苏霍姆林斯基看来，学生的自我教育，简单地说就是学生个人自己教育自己的活动。他认为：一个少年，只有当他学会了不仅仔细地研究周围世界，而且仔细地研究自己本身的时候；只有当他不仅努力认识周围的事物和现象，而且努力认识自己的内心世界的时候；只有当他的精神力量用来使自己变得更好、更完善的时候，他才能成为一个真正的人。这里说的就是学生在精神生活的一切领域里的自我教育。他告诫教育者应该相信学生，要让他们独立地安排活动计划，教育者只是检查他们活动完成的情况，对他们遇到的问题给予帮助，不能说三道四，包办一切。从苏霍姆林斯基的论述可以看出，学生的自我教育就是运用一定的道德标准，调动自身的精神力量促使自身道德修养变得更加美好和完善的活动。基于对自我教育的认识基础，明确了自主管理在约束自己的同时，也约束他人，更偏重于群体行为，在利益共同体的管理上实现个体的价值。这种学生自主管理的过程，也正是学生自我建构的过程，通过自主管理的深度参与，从而激发其生命的内在动力，变被动为主动，不断催化外控向内驱的转变，形成真正有价值的道德教育。

二、学生“自主管理”的内容

学生自主管理从大的方面划分为学习管理和常规管理两个部分，学习管理方面体现的是自主学习、合作达标；常规管理方面体现的是自我教育、互相管理。

1. 学习管理方面

“自主学习、合作达标”这种管理方式的在我校最好的体现是学生主持主讲课堂这种教学模式，它是以小组为单位分工合作学习的一种课堂组织形式。在教与学的过程中，小组成员采用主持的方式让其他小组成员参与展示讲解，对于疑难或重点也可以求教于教师或由本组成员主讲，教师仅仅作为学生中的一员来参与课堂，小组成员在整个课堂过程中根据个人能力合理分配任务，既有分工又适时合作。这种由学生以小组为单位的主持主讲的课堂很大程度上改变了旧的教学模式，激发了学生兴趣，增强了学生的问题意识，提供了学生自我展示的空间，分享了课堂的生成成果，提高了教学效率，达到了学生学会学习的目的。学生“主持主讲”形式的课堂从教育的出发点、教学的实施过程、育人效果来讲，更看重的是学生获得的具体进步和生命发展，它把“不求人人成功，但求人人进步”作为教学评价的最终目标，以小组总体成绩作为评价和奖励的依据，把个人之间的竞争变为小组间的竞争，形成组内合作，组间竞争的格局，更好地体现了因材施教的原则。学生“主持主讲”课堂的课程主要分为学科课程和校本课程两大板块，其中学科课程根据不同年级有语文、数学、英语、物理、化学等国家课程组成，不同的课程又细分出不同的课型，不同的课型可以采用主持或主讲的形式进行，不适合的也不必要让学生主持主讲；其中校本课程根据活动空间分为校内外的特长拓展类和项目实践课程，校内的课程由学校提供课时保障，校外的实践课程也可以利用节假日去完成，特别实践类的课程灵活性较高，可以根据需要择机完成。

2. 常规管理方面

“自我教育、互相管理”这种管理方式，体现两个教育层次，一是自我教育层次，二是互管教育层次，互管这个层次又可分为小组、班级、年级三个层面。管理内容，主要指六大常规行为：安全、卫生、纪律、惜物、生活、学习。其特点是：自主性、自律性、自纠性、合作性、创新性、高效性。对于“自我教育”，主要方式就是引导学生进行自我反思。根据中小学生特点能力的差异，自我反思的方式也有所区别。初中采取的是日记式反思，小学采取的是提示性反思。对于“互管”，我们认为学校教育不同于家庭教育、社会教育的一个显著特点，就是学校教育是一种集体性学习，具有集体互动性，能够产生团队动力，而学生自身正是团队动力的来源，“互管”的实质就是在合作中共同提高。对此，我们采取两种方式开展相互管理。第一种方式是通过小组进行互管，也称之为“小组合作管理”，每个班级都分为若干个四至五人小组，围绕生活、学习、品德行为三大类内容，每人分别担任不同的职务，具有一定的权力，承担相应的责任。第二种方式是通过三级三类督查组进行互管，即班级、级部、学校分别成立“学习”“纪律”等督查组，让学生参与制订规则、参与管理、参与评价，“人人都是教育者，人人都是被教育者”“人人都是管理者，人人都是被管理者”，这样的“互管”机制形成了一种大家相对平等的人际位置关系，形成了相互管理、相互制约、相互评价的多元互动的格局，增强了每个学生的规则意识和责任意识。

第三节 学生“自主管理”体系的理论支撑

自主管理的核心理念就是以人为本，尊重信任学生、依靠相信学生能够管理好自己，相信学生能够发展好自己，我们老师所做的，就是给学生提供一个良好的生存和发展环境，实现学生素养的全面提高。为什么敢于放手让学生进行自主管理，其在心理学上的支撑主要就是马斯洛与罗杰斯的自我实现理论依据。即最基本的生理需要、安全需要、社交需要、自尊需要和最高层次的自我实现需要（也就是成长需要）。这五个需要层次理论是自主管理的心理学基础，让学生成为自己所期望的人物，完成与自己能力相称的事情，最大程度地发挥个人潜能，达到自我实现的需要，这也是我们自主管理培养提升学生核心素养的指导思想。

美国心理学家、学生行为咨询专家格拉塞通过调查指出，学校是满足学生需要的最主要场所。学生到学校里学习和生活，主要的需要是自尊和归属。学生“自主管理”正是从学校应满足学生主体需要的基本假设出发，创设“自主管理”的组织形式，给学生提供一个展示自我的场所和机会，从而真正体现了学生作为学习主体和管理主体的尊严，通过这种课堂教学组织模式和常规行为管理模式可以在班级管理的大环境下把组织单位从班级细化为以小组为最小实施单位，提高了“自主管理”的高效性。在学习管理方面，通过学生主持课堂提高学生语言表达能力和主持技巧，进一步培养学生自主管理水平，转变学习方式，研究学生自主、合作、探究、生成能力的培养；在常规管理方面，通过自我教育、互相管理，增强了每个学生的规则意识和责任意识，也使得自主管理意识、自主管理艺术逐步提高，从而学生的领导力得以提高。另外在实践中，建立一套合适的评价激励机制，使之能更好地持续发展；并且形成一系列制度和规范及研究报告，促使教师的教学思想、教学技能也有大的提高，提升教师研究水平，最终培养提高了学生的综合能力。

合作教学理论的支持。合作是当今与未来最好的学习生活方式，儿童的认知发展和社会性发展是通过同伴相互作用得以促进的，像语言、价值观、规则、道德和符号系统（读、算）等只有在与别人的相互作用中才能掌握。合作生活方式可以最大程度地满足儿童的需要，学生来到学校学习和生活，都是在寻找种种方式满足自己同他人交往与合作、友谊、自尊等需要。这些需要的满足程度极大地影响着学生对学校生活的喜爱程度、努力程度和达标程度。只有创设条件满足而不是千方百计压制学生的上述需求，才会激发他们学习的主动性和积极性，才有可能帮助他们取得学业成功。在合作小组中开展互助学习，在平行小组中开展互管教育，建立“利益共同体”机制，成员之间相互交往与合作，明确任务分工、彼此尊重，获得集体奖励来共享成功的快乐，是满足学生基本需要的有效途径。

第四节　学生“自主管理”体系的构建

今天校园内的学生，将来就是社会上的公民，包含专家学者、政府官员、各行各业的从业人员，学生“自主管理”体系的构建就要站在一个社会人的角度，考虑自然生命、社会生命和精神生命三个维度，从目标、内容、方法、评价等方面进行“自主管理”体系的构建。

一、目标的确立

丰富学生“自主管理”体系的整体育人机制，从知识目标、能力目标和情感态度价值观目标进一步提高包含公民道德水准在内的全体学生的综合素养，落实立德树人这一教育的根本任务。

二、内容的设计

学生自主管理内容从大的方面划分为学习管理和常规管理两个部分，其中常规管理涵盖除了学习管理以外的内容，如德育管理、艺体活动管理、劳动实践管理等。具体内容以学生单项具体能力的提高去规划设计活动内容，以学生在发展过程中应该形成的最关键、最必要的核心素养中的最基础素养项目为主，如行为习惯、健康安全、爱国教育等。

三、方法的选择

教学方式在文化课教学上主要采用主持主讲能力课堂最大限度地体现自主管理，其他主要是活动教学、情景教学和实践教学；学习方式主要是自教互管、仪式体验、综合实践、经典诵读等。为确保其有效性，学校提供相应的课时保障。在课程安排上，确保国家课程、地方课程的基础上，积极开发校本课程，并确保其教学课时保障；对于地方课程和校本课程等课时落实在基层容易走形的教学课时安排上，主要采用学生必修课、选修课和社团组织等形式，对教学课时进行科学有效的安排。例如每天的大课间活动是必修课，每周二、四下午最后一节课是选修课，休闲教育时间（寒暑假和小长假）则是采用选修与必修相结合的方式。

四、评价的多元化

主要采用观测、问卷、对话等手段，定量评价和定性评价结合、过程性评价和终结性评价结合、对个人的评价和对小组的评价结合、自我评价和他人评价的结合等措施。

第二章　学生“自主管理”的组织及文化建设

第一节　实施学生“自主管理”模式的策略

一、注重学校、家庭、社会三渠道的实施策略

主要是基于学生生命发展的需要而言，学生的生命发展是受到家庭、学校、社会的共同影响，三者不能割裂，缺一不可，其中，学校教育有责任对家庭教育、社会教育进行引领和指导，同时还要进行反馈。

二、注重小学低年级、小学高年级和初中三阶段的特点与规律

皮亚杰、柯尔伯格的“道德发展论”为不同年龄段的学生道德发展提供了理论依据，提出了道德发展的三水平六阶段的研究理论，这也使得学校在对不同年龄段学实施“自主管理”的具体要求和相关内容应该符合学生认知层次的发展，抓住其身心发展规律进行引领评价。

三、注重民主、平等、共生的师生关系的建构

学生自主的过程，归根结底是自我建构的过程，在这个过程中，学校要为学生的自主管理营造氛围，注重民主、平等、共生的师生关系保障，通过参与自主管理来认识自己、要求自己、调控自己和评价自己，达到自己教育自己。

四、注重文化课程与活动课程内容上的连贯性、整体性、互补性，活动课程项目在类别上的联系性和机制上的和谐性

课程的实施需要学校做出统一的规划，在国家课程、地方课程、校本课程的内容上要针对不同学段、不同年级做好课程的设置，尤其校本课程要体现连贯性、互补性等，对于在校内课时的保障，师资力量的配备等要均衡和谐。

五、注重自主管理所涉及教学理论和德育理论的学习应用

涉及相关理论的学习，需要关注教师专业化发展与培训的阶段需要持续不断地予以满足，通过培训与实践促进教师发展共同体不断成长来积累丰富的理论知识。

第二节 学生“自主管理”模式的特征

学生“自主管理”从其落脚点来看，是学生在教师积极引导下自行发现自我价值、发掘自身潜力、确立自我发展目标、形成适应社会发展和推动个体与社会发展的意识和能力的一种教育管理模式。因而在实践中要充分尊重信任学生，既敢于放手，但又不能放任，紧紧把握住其自主性、生成性、实践性的基本特征。

第三节 学生“自主管理”的组织架构

学校依据学生“自主管理”的特点，从组织架构上进行设计，从三个层级进行组织建设，即学校、级部和班级，并分层设立了学生自主管理委员会组织（简称学生自管会或学生会），成立了领导机构，并制定了管理细则及评价标准，明确了各级自管组织的领导分工及职责。

示例

某某学校学生自主管理委员会

一、机构设置：

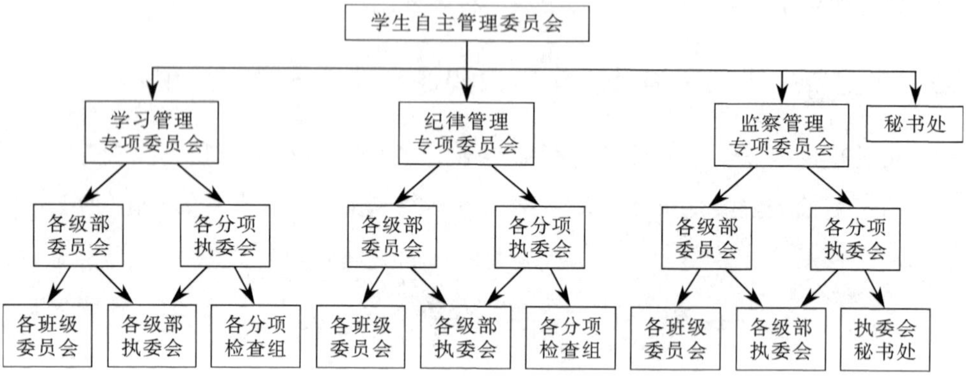

图 2－1　学生自主管理委员会机构设置

二、部门职责：

“三级三类”管理委员会，全面全程全方位地进行检查、督导、评价。纪委会负责纪律、公物、卫生、礼仪等方面的管理；学委会负责早读、自习、晚课、假期等时间段的学习习惯、学习秩序、学习态度、学习效果等方面的管理；监委会负责对纪委会、学委会的工作进行指导、监督、调节、评价，接受各分委会的投诉及调查处理；秘书处协助校级自管会做好相应统计工作及通知的传达。

三、领导机构及成员设置：

主要由政教处、团委、教务处负责，协调其他各职能部门分别进行各专项的组织评价，反馈分析各项数据。

各级自管会和专委会设主席 1 人，副主席 3 人，其中校级自管会增设秘书长 1 人；各分项执委会设部长 1 人，副部长若干人及秘书处主任 1 人；其他职务根据实际分管职责报上级自管会组织批准设置。

鉴于我们学校学生人数多（接近 7000 人），教学区域分布散（5 栋教学楼，1 栋综合楼，3 个专用场馆），生活区域分布广（5 栋宿舍楼，3 个餐厅），我们将学生自管的重点落在了级部、班级两个层级上，并且引导班级将学生自管下沉到小组一级，制定了班级相应的管理规范。级部自管会、班级自管会分别设主任、副主任及多个自管会委员（学习委员、卫生委员、纪律委员等）分工管理级部、班级的整体工作。自管会的管理内容大致有：生活管理、班务管理、行为习惯管理、学习管理等方面。根据分工的不同，在具体的班级管理中也可以有多少个学生设立多少个岗位。班级自管会下面设置小组自管会，采取组内异质、组间同质的方法分组，一个小组长，3～4个组员，每组设立多个不同的职务，每个组员可以身兼多职，发挥个人专长。另外学生根据自己的兴趣爱好，自由结合，组建班级社团，如班级形象社团（桌洞管理员、行李箱管理员）、爱心社团、义工社团（门、窗、灯、桌凳、多媒体管理员）等，为班级同学们服务并开展相应活动，然后民主制定个性化的岗位职责和评价细则。为了引进班级自管的竞争力，班级可以实施两套自管会组织轮岗制，单双周交替管理，共同执行班级制定的各种自管细则，这样可以让更多的学生参与班级的自主管理体验，轮岗一个周期后由全体学生对两组自管情况和自管能力进行评价。这样不仅调动了每组自管会成员的积极性，而且有效促进了自主管理的质量，提升了参与自管学生成员的素质。

第四节　学生"自主管理"的文化建设

班级的文化氛围就是学校里学生生活的"小社会"和"大家庭"，师生置身于之中其思想观念就会受到潜移默化的影响，日积月累就会形成一种与班级文化相融合的价值观。

为了提升学生自主管理的参与度、积极性和管理水平，营造一种主人翁的氛围，文化建设显得尤为重要，包括环境文化、精神文化和管理文化等都需要一一丰富完善。除了学校和级部的文化建设外，我们更侧重进行了班级文化和小组文化的建设，因为这些是学生深度参与建设的，是共同价值的有效载体。如学校规定在教室门口的一侧统一制作班级铭牌，展示班徽、班级精神和班主任寄语等，并统一设置班级文化墙的区域和部分主题内容，让班级自主进行文化建设，学校统一组织检查评比。班级环境文化建设要充分发挥全体学生的个性、特长、群策群力，有效运用教室的空间资源，精心布置教室，既要温馨舒适，又要催人奋进，使教室的每一面墙壁、每一个角落都会说话，培养学生正确的审美情趣，突出独特的文化内涵，创设具有教育性、开放性、生动性的环境文化，对于陶冶学生的情操，激活学生的思维，融合师生的情感有着巨大的积极作用。班级的精神文化是班级文化建设的灵魂，也是班级自主管理的精神内核。班主任要用心撰写班主任寄语，扮新扮靓文化橱窗，集思广益确立班级精神，设计班徽制定班训，编写班歌等，让精神文化悄无声息地浸润学生的心田。同时指导小组精神文化的建设，凸显小组个性优势。班级管理文化主要是让制度来规范管理，制度不一定完善，但可操作性强，学生认可并愿意遵循接受就行。班级制度是学生自主管理的依据，也是班级实现自主管理的主要武器，好的制度可以让班级充满活力，完善的制度可以使学生自主管理有章可循、有法可依。各班依据学校的规章制度结合本班情况因地制宜地制定班级的个性化规章制度，比如《班级公约》《学生综合素养积分细则》《班级卫生值日制度》《班级奖惩制度》《班级晨会制度》等一系列体现学生自主管理的班级制度，并在实施中逐步完善修改，班规的制定全部由学生自主来制定，并进行民主讨论充实完善后投票通过，然后按照其中的评价标准进行民主管理。为了体现“人人都是管理者，人人都是被管理者”，班级在管理岗位设置上应最大程度进行细化，设立通风管理员、图书管理员、花草管理员等大量细小具体的岗位，学生可以通过自主申报来承包班级相应管理项目，形成“人人有事做，事事能做好”的精细化管理格局。

班级里小组作为最小的组织管理单位，可以通过组牌制作为载体进行小组文化建设：包括组名、组徽、小组精神及小组成员名单等，组规在班规的基础上让学生集体表决，签字画押自觉履行接受小团队管理。当然小组的组规不一定面面俱到，其内容只是在班规框架下的一些个性化的体现。通过代表本组的组牌在课堂竞争与合作过程中一次次的高举展示，对于小组凝聚力的形成起到了不可估量的作用。学生在生活区域（宿舍、餐厅）的文化建设，主要以同性合作、以小组联合共同体的形式进行管理，如宿舍门外的文化墙布置、餐桌管理礼仪等。其中更重要的还是班规和组规的制定与落实推动了班级共同体和小组共同体的建设与发展。这里提出共同体更是为了建立团队凝聚力，更有利于形成“家”文化的氛围，有利于自主管理的自觉性。

示 例

学生自管会干部职责（节选）

一、班长

1. 负责管理值日班长。

2. 负责班级全面工作，团结全体班干部，团结同学，严于律己，在班干部和同学中起表率作用。着重抓好班上的纪律、学习等工作。

3. 把班级中出现的问题和成绩及时汇报给班主任。

4. 处理各种偶发事件，并采取相应措施，把处理意见汇报给班主任，或请班主任指导解决。

5. 定时召开班委会，并且须在会前明确开会的大致目的和纲要，如班主任不出席会议，还须把会议记录交给班主任，及时让班主任了解会议的内容。

6. 负责收交家校联系卡，并及时送、发。

7. 和副班长一起做好每周的班级考评工作。

8. 负责给值日班长的一周工作打分、统计和考核。

二、卫生委员

1. 及时督促卫生值日员每天分三次清洁教室，一是早上早自习前，二是午饭后，三是晚饭后。

2. 负责管理分配每周大扫除工作和检查大扫除情况，不得造成扣分。

3. 合理安排人员，亲自监督并亲自加入大扫除。

4. 大扫除完毕要全方位检查，要求无遗漏。

5. 对大扫除中不负责的同学进行批评教育。

6. 负责每天教室的整洁、整理工作。

7. 每次检查必须做到及时询问和登记。

8. 每天留意级部扣分情况，如有教室清洁问题被扣分，要落实到各项责任人，并要求第二天值日生加强注意。

示例

班规（节选）

集体的承诺

——七年级十三班班规（三句半形式）

备齐用品准时到，晨读晨练与晨扫，勤奋好学争分秒，（时间）是个宝！

预习复习要自觉，作业规范不抄袭，保质保量按时交，（自主）见成效！

书声琅琅气氛好，专心听讲勤思考，举手发言敢提问，（学习）效率高！

穿戴整洁重仪表，体魄健壮素质好，见面问候重礼貌，（个人）素质好！

升旗仪式要搞好，肃立唱歌要记牢，每周大事记得清，（活动）目标明！

出操集合快静齐，动作规范做好操，持之以恒视力保，（身体）最重要！
课间休息不吵闹，服从管理加自调，文明整洁要做到，（课间）修养高！
违禁物品需远离，内务卫生有条理，及时休息高效率，（宿舍）保秩序！
勤俭节约爱公物，先从水电看行动，尊老爱幼听教诲，（公德）好苗苗！
按时离校关门窗，横穿马路礼让行，安全法规要记牢，（生命）命自保！
自信自强与自尊，个个争气又上进，人人为班争容光，（个人）好榜样！
同学之间勤勉励，集体荣誉必顾惜，大家事情大家干，（品德）没问题！
行为习惯常对照，全班同学都做到，学风班风自然好，（常规）红旗飘！
班级公约要牢记，共同约定记心里，合作和谐谱新篇，（进步）我为先！

温馨的九三，完美的自我

——九年级三班班规

1. 我是一个遵规守时的人，准时到班读书，不违背自己初始的约定。

2. 我是一个有毅力有理想的人，自己的理想要坚守，为了梦想，我会不懈努力，奋力拼搏。

3. 我是一个做事有准备的人，课前准备好学习用品，复习预习，等候老师上课。

4. 我是一个善于反思的人。每天反思自己的言行思想，用心写好反思，每周总结自己的所获所感。

5. 我是一个讲文明有礼貌的人，打喷嚏、咳嗽都说对不起，同学之间相互尊重不讲脏话，不参与打架，听到打架事件及时报告班主任。

6. 我是一个爱清洁讲卫生的人，在校内不随意丢纸片，不在墙上乱涂画。

7. 我是一个做事讲原则的人，未经老师允许，不私自离校，不做有悖于班规班纪的事情。

8. 我是一个懂得尊重的人，不迟到且不在课堂内讲小话。上课期间精神饱满，头不放在胳膊上，更不睡觉，不讲与学习无关的话。课间见到老师，主动打招呼问好。

9. 我是一个有计划不拖沓的人，今天的事情绝不拖到明天做，坚决做到今日事今日毕。

10. 我是一个大度的人，对自己的好表现不炫耀，输给别人也不生气；对别人的好表现不歧视，要喝彩，尊重别人的发言与想法。

11. 我是一个有爱心、乐于助人甘于奉献的人，我会用小小的贴心，为别人带来方便，制造惊喜。

12. 我是一个遵守承诺的人，承诺的事情决不食言。

13. 我是一个有团队精神和集体荣誉感的人。我会时刻维护班级，维护小组的利益和荣誉。

14. 我是一个敢于挑战的人。

15. 我是一个不拈轻怕重有责任感的人。我会完美地做好分内的事，我更会做好所有我能做好的事情，凡事不计较，事必躬行，事事热心，事事关心。

16. 我是一个有情感懂得感恩的人。感恩父母，感恩老师，感恩同学，感恩母校。

生活在九三，我骄傲，我自豪。

示例

班级岗位细化表（节选）

人数清点员	学生姓名	小组成绩统计员	学生姓名
通风管理员		图书角管理员	
消毒管理员		文明礼仪管理员	
花草管理员		手指甲管理员	
门窗管理员		头发管理员	
卫生角管理员		服装管理员	
黑板管理员		合唱管理员	
讲桌管理员		张贴物管理员	
搬水管理员		凳子管理员	
悄悄话信箱管理员		桌面管理员	
风扇管理员		纪律管理员	
粉笔管理员		卫生管理员	
窗帘管理员		路队管理员	
门窗清理员		公物管理员	
饮水机管理员		内务管理员	
作业单管理员		教鞭管理员	
多媒体管理员		仪器管理员	
电灯管理员		窗台管理员	

示 例

班歌（节选）

奔 跑

——初二七班班歌

（根据羽泉同名歌曲改编，谱略）

有一个班级，团结友爱在一起，一起欢乐，一起哭泣，追逐梦想，永不放弃。我们爱这个集体，努力向上，勤奋学习，迎着朝阳，享受沐浴，瞄准未来，全力奔跑。相信七班永远是最强，遇到难题冷静思考，把浩瀚的海洋装进我胸膛，即使再小的帆也能远航。随风飞翔有梦作翅膀，敢拼敢爱勇敢闯一闯，哪怕遇见再大的风雪，再大的浪，也会有默契的目光。

示 例

班级管理积分细则（节选）

班级管理个人（小组）积分实施细则

——八年级十五班

亲爱的同学们：规则是行为的约束，心灵的橱窗。让我们共同监督，共同进步。

常规行为细则（部分）

……

5. 每天关灯的同学：及时关灯加 1 分；相反扣分。

6. 卫生小组：合格加 1 分，非常好加 2 分；相反扣分。

7. 擦黑板：干净加 1 分；相反扣分。

8. 卫生工具摆放：合格加 1 分；相反扣分。

9. 宿舍卫生：宿舍每天没有扣分每天加 1 分；相反加倍扣分。

10. 宿舍纪律：说话扣 2 分，乱窜宿舍扣 2 分，熄灯后吃零食扣 2 分。

11. 路队说话：一次扣 1 分；级部查到扣 2 分。

12. 班级课间打闹、骂人或说脏话、随意给别人起外号或叫别人外号扣小组及个人 2 分。

13. 上学、上课迟到一次扣 1 分。

14. 校服不拉拉链每次扣 1 分。

15. 破坏公物小组扣 2 分。

16. 课堂乱插话一次扣 1 分。

17. 头发、仪表不合格一次扣 1 分。

18. 升旗不穿校服扣 2 分；不唱国歌及纪律扣 2 分。

……

26. 周一抄作业扣 2 分；未完成作业试情况而定扣 1～5 分。

27. 积极组织或参加班级活动者加 3 分。

28. 卫生大扫除：效率高且完成好加 2 分；相反扣分。

29. 携带手机、MP3、MP4 等到班级的扣 5 分。

30. 主动为班级做贡献者加 3 分，如出黑板报，为班级购买物品 ，同不正之风做斗争，检举不良行为等。

31. 上课期间（包括早读、自习课、老师不在时等）无故离开教室者、离开座位者扣 2 分。

32. 无理狡辩、顶撞老师者扣 5～10 分。

33. 讽刺、挖苦、打击同学或班干部者一次扣 5 分。

……

示 例

班徽、班训及班主任寄语（节选）

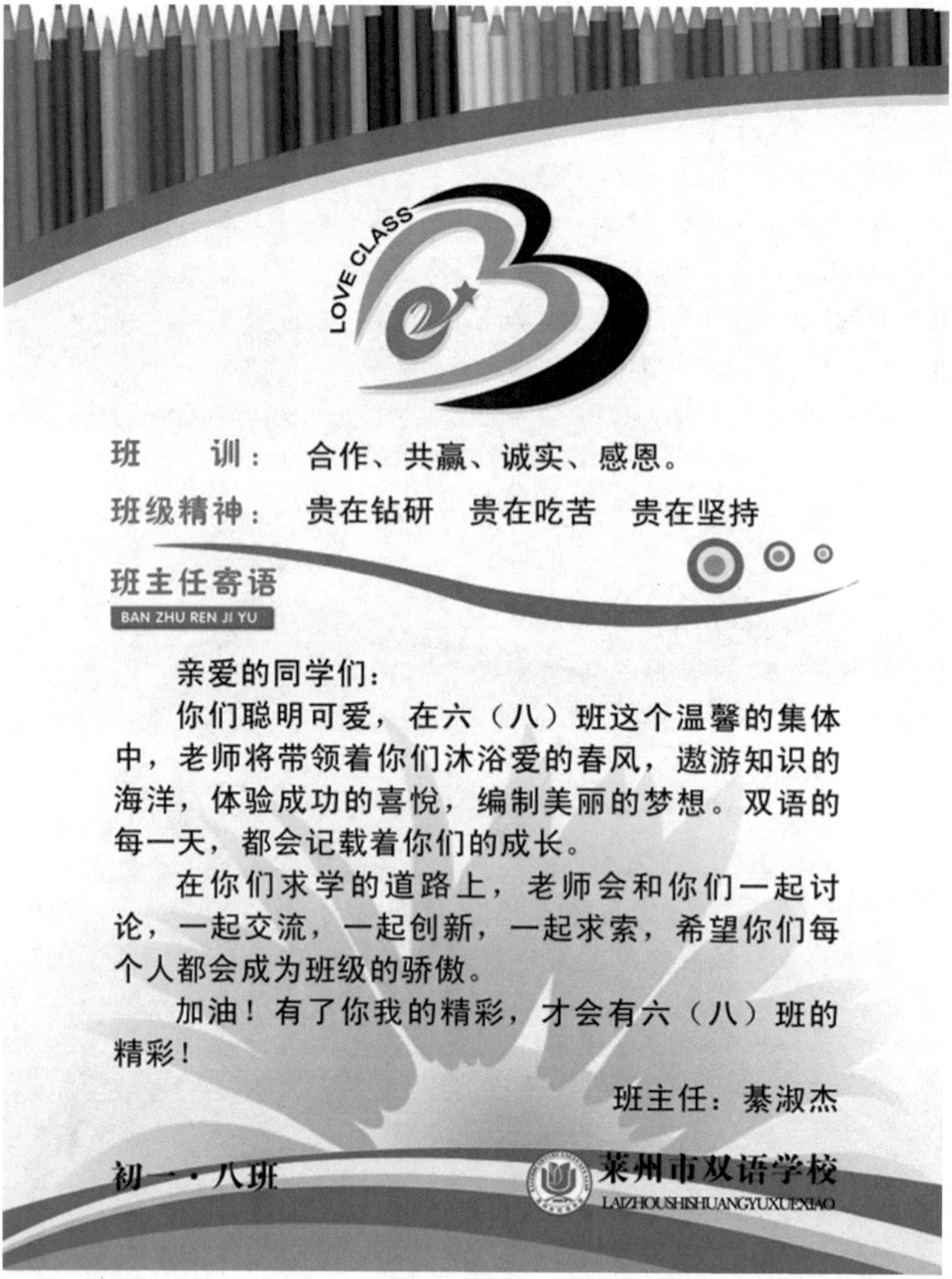

班　　训：　合作、共赢、诚实、感恩。

班级精神：　贵在钻研　贵在吃苦　贵在坚持

班主任寄语

BAN ZHU REN JI YU

亲爱的同学们：

你们聪明可爱，在六（八）班这个温馨的集体中，老师将带领着你们沐浴爱的春风，遨游知识的海洋，体验成功的喜悦，编制美丽的梦想。双语的每一天，都会记载着你们的成长。

在你们求学的道路上，老师会和你们一起讨论，一起交流，一起创新，一起求索，希望你们每个人都会成为班级的骄傲。

加油！有了你我的精彩，才会有六（八）班的精彩！

班主任：綦淑杰

初一·八班　　莱州市双语学校

LAIZHOUSHISHUANGYUXUEXIAO

班　　风：　学做真人，学求真知。

班　　训：　自主　互助　高效　合作

班级精神：　团结互助，追逐梦想。

班级目标：　创最优班级，做最好自己。

班主任寄语

BAN ZHU REN JI YU

同学们，新的一年，新的学期，新的起点，新的希望。　世上没有不做就能成功的事情，也没有一下子就能做成功的事情。要从事任何事情并取得成功，都必须付出长期的辛苦。成功来自于勤奋，只要尽了力，也就实现了自己的价值。要做，就要做个最好的你。　同学们，努力吧，只要你能坦然地说“我尽力去做了”，最终的成功自然会属于你。

班主任：张青华

初二·十一班

莱州市双语学校

LAIZHOUSHISHUANGYUXUEXIAO

示例

组牌及小组管理细则（节选）

To be No.6

Fly To 希望

小组口号： 有努力才有希望，有付出才有收获。让我们呐喊：“我一定能行！”插上希望的翅膀，飞向成功的彼岸！

小组目标： 认真做好自己，每分每秒都在朝着第一努力奋斗！

小组成员：

姓名：史延钰
性别：女
座右铭：做事成功的要诀就如同钥匙开锁的道理一样，如果你不能准确对号，那么一定无法打开成功之门。

姓名：初汶璐
性别：女
座右铭：生活就像海洋，只有意志将强的人才能到达彼岸。

姓名：曲禹庆
性别：男
座右铭：路，是自己走出来的；机会，是自己创造出来的。

姓名：李昊林
性别：男
座右铭：成功不是得到多少东西，而是把身上多余的东西扔掉多少。

星辰组活动细则

七年级二班 一组

一、小组成员：宿意隆、朱效妍、陈一凡、冯云涛

二、小组精神：脚踏实地，挑战自我；人人参与、展现自我；齐心合力，快乐学习；取长补短，共同进步！

三、小组目标：人人都做自信的我，勇敢的我，积极的我，做小组中的榜样，加油，努力！努力使自己更好，帮助学困同学，取长补短，提高成绩，让优的更优，待优的变优，打造一个学习精神上、考试成绩上、思想品德上的"三优"小组，打造一个全新的自我。

四、小组规章制度

（一）所有成员必须遵守组规组纪，团结合作，并肩作战，相互督促，相互学习，互相关心，宽容接纳。

（二）群体组员必须维护本组的荣誉，支持本小组的各项事务和各项活动。

（三）小组成员必须承担小组内的一份职务，为小组做出自己应有的贡献。

（四）小组必须制定自己的规章制度，建立小组成员的工作责任制度。

（五）定期开展组内成员会议，总结近期的学习工作情况，查漏补缺。

（六）积极建立帮扶关系，有效的实施帮扶计划。

（七）每周一次小组内工作总结。

五、小组成员分配职责

组长：负责组织组内一切活动和工作的开展。

组员：朱效妍，分管 数学、历史、英语。

陈一凡，分管 语文、生物、音体美。

冯云涛，分管 政治、地理。

六、实行帮扶政策：一号帮扶四号、二号和三号共同学习进步。

七、奖励

（一）课堂：课堂表现优秀的加____分。

（二）作业：作业完成获得优良加____分，老师表扬的加____分。

（三）卫生：值日生优秀受表扬每次加 分。

（四）两操：两操积极认真的加____分。

（五）自行车：自行车管理员推出的优秀者加____分。

（六）成绩：学习成绩进步的加____分。

（七）常规：每周评选的优秀组员加____分。

八、惩罚：

（一）课堂违纪的，警告不听者一次减____分。

（二）作业：作业一次不完成这减____分，不认真者减____分。

（三）卫生：不做值日者每次减____分，并多延续做值日____天。

（四）两操：不上操一次减____分，迟到减____分，不认真减____分。

（五）自行车：没有上双锁减____分，被自行车管理员扣分的减____分，被学校扣分减____分。

（六）成绩：成绩下降的减____分。

（七）常规：常规检查不合格的减____分，如迟到、发型、卫生、校服、拉链等。

第三章　学生“自主管理”学习模式的实施

第一节　学生“自主管理”学习模式内涵解读

学生“主持主讲”课堂是学生“自主管理”学习模式下的一种极富生成性和探究性的一种实践方式，更是“自主管理”学习模式最高阶段的展现形式，它是以小组为单位分工合作学习的一种课堂组织形式。在教与学的过程中，小组成员采用主持方式让其他小组成员参与展示讲解，对于疑难或重点也可以求教于教师或由本组成员主讲，教师仅仅作为学生中的一员来参与课堂，小组成员在整个课堂过程中根据个人能力合理分配任务，既有分工又适时合作。这种由学生以小组为单位的主持主讲课堂很大程度上改变了旧的教学模式，激发了学生兴趣，分享了课堂的生成成果，提高了教学效率。

学生“主持主讲”形式的课堂无论从教育的出发点、教学的实施过程还是育人效果来讲，更看重的是学生获得的具体进步和发展，它把“不求人人成功，但求人人进步”作为教学评价的最终目标，以小组总体成绩作为评价和奖励的依据，把个人之间的竞争变为小组间的竞争，形成组内合作、组间竞争的格局，更好地体现了因材施教的原则。

学生“主持主讲”形式的课堂教学最根本的是把教学的组织单位从班级细化为以小组为最小实施单位的思想指导，主要以学生能力的发展为培养目标，可以较好地解决学习管理中存在的一些问题，激发了学生兴趣，提高了教学效率。

学生“主持主讲”形式的课堂主要考虑以学生为主体，最大程度地把课堂的空间和时间还给学生，通过对话、合作、辩驳、展示，给学生搭设一个得以展现自己生命光亮的舞台，使学生的潜能最大程度地激活，让学生的个性真正得到解放，快乐学习，主动合作，幸福成长。学生“主持主讲”课堂形式是一种内涵丰富、有利于学生主动参与的多样化的教学组织形式。有效的“主持主讲”可以在小组成员间形成开放、包容的学习氛围，使小组成员间相互激励、相互促进；可以提高学生的学习效率、培养学生的合作精神、激励学生的学习兴趣、促进学生之间的共同进步。

第二节　学生“自主管理”学习模式课堂基本流程

学生“主持主讲”形式的课堂基本流程是“认定目标，超前学习⇒ 主持主讲，分工合作⇒ 引导点拨，合作交流⇒ 回归系统，拓展延伸⇒回扣目标，当堂达标”这五个环节。

一、认定目标，超前学习

在正式进入课堂之前，教师要根据教材的内容，教学目标及重、难点，提前制定好导学提纲发给学生，让学生依据导学提纲中的学习目标阅读教材，围绕主要知识点思考解决问题，并通过做提纲中的基础练习加以巩固。对于个别疑难问题小组内讨论解决，组内解决不了的提前圈划出，或者填写问题卡反馈给教师留待课堂解决。导学提纲是介于教参和教材之间的一座桥梁，主要是引导学生超前学习。这样，学生在课堂上的起点就不是从零开始，而是让学生把学不懂的知识进行分类讨论，从而保证学生在学习上总是较传统的课堂超前一步。另外教师在指导学生自学时要做到四明确：明确时间、明确内容、明确方法、明确要求，这样学生才能高效率地超前自学。

二、主持主讲，分工合作

在正式进入课堂之前，教师通过随机选择或学生自主申报，推出一个小组准备走上讲台，担任本节课的主持主讲，而教师则准备幕后的配合指导工作，确保以普通学生的身份参与正式课堂活动。担任主讲的小组提前搜集资料，征询意见，求教老师及同学，组长提前分配好每人所要讲或主持的课堂主要内容并提前进行有关知识点的整合，使主讲的每一位组员能最大程度地代表本组的集体意见（这样做最大程度地挖掘、调动了学生的课后主动学习的自觉性和积极性，使学生的小组合作学习真正落到实处，使小组合作具备了核心竞争力）。另外，除了担任主讲或主持的任务之外，其他组员还担负着参与回答问题、展示成果方面的评价计分、课堂组织纪律的巡视评价以及课堂问题生成的质疑及解答等。在主讲的过程中，主讲人还可以安排小组讨论以及订正答案等，这样从根本上保障了学生的主体地位，避免了教师越俎代庖、包揽一切的做法。主持主讲环节要尽可能给学生充足的时间和充分的空间展示。

三、引导点拨，合作交流

采用学生“主持主讲”的方法，并不是完全摒弃了老师的作用。如果学生真能够依靠自己的力量，很好地发现并解决了问题的话，这本身就是对教师作用的充分肯定和褒奖。但在实际情况中，每个小组、每个学生主讲人限于其知识水平和语言表达能力，或多或少存在一些小毛病，这就需要教师来“启发”“引导点拨”和“适时激励”。对学生在预习阶段圈划出的问题，可能在小组主讲阶段已经解决，也可能根本没得到很好解决，这时教师就要引导学生提出问题，借此培养学生问题意识。有的问题可能有的小组之间会通过在全班的展示、补充或给出解决办法，也可能解决不了，这样可以让不同小组间再次进行组间的合作交流讨论，教师适时地参与组间活动，适时点拨，发挥“导”的作用，尽量不直接讲解，以激发学生思维潜能的提升。这个过程教师要对学生进行适当的点评，用评价激励来引导学生的问题意识，向高层次、高水平的交流合作推进。

四、回归系统，拓展延伸

根据系统论的观点，系统就是一个整体，一个单元是一个系统，一节教材内容也是一个系统。要培养学生整体思维的习惯和能力，把小的系统放到更大的系统中去。所以，每学完一节教材内容，都要把它及时回归到上位系统中（如单元系统、整本书的系统等），学生才能从更大的整体、更高的层次看问题，也才能不断地将学到的知识系统化。尤其在复习课进行知识梳理框架体系时，才会体现这种训练的重要性。学生通过本节的学习，已经初步找到了解决某类问题的规律和方法，这时教师就要帮助学生总结、提升有关规律和方法，然后指导他们进一步分析理解教材，适当进行变式训练，以拓展延伸相关知识，甚至还可以让学生自己编题来做，从简单模仿到举一反三，提升学生能力（当然拓展延伸部分要根据学生课堂反映情况，灵活机动地按照分层分类的差异要求进行）。

五、回扣目标，当堂达标

回扣目标、突出重点、难点，对易出错的问题和应用规律的题，进行有针对性的达标训练、测试，试题要考虑学生的差异，分成必做题和选做题；必做题必须尽量多地包容当堂课的知识点，题目要简单，给学困生以信心；选做题要有一定综合性和灵活性，体现拓展延伸部分的知识。课堂达标要求学生写在活页作业纸上或者在平板电脑上解答提交，下课后由老师批改或在课堂上小组之间批阅（平板电脑上的客观题系统自动进行批阅），批改后适时在班级公布并评价小组整体。对存在的问题适时进行反馈矫正，让学生反思，从而巩固知识升华能力。对于学生隐形的各种能力及情感的展现评价一般通过轮流值班的课堂观察员或者学生自发进行评价抑或自我评价本节课的收获。

社会实践、学科融合等校本课程灵活程度高，采用学生“主持主讲”环节更能促进学生的研究性学习能力，其具体项目的一般操作程序如下：

一是选定项目。主要考虑和学生日常生活相关的项目，内容应该丰富，值得学生进行长达一学期的探究。

二是制定计划。计划的内容包括学习时间的详细安排和活动方式方法等，如人员的具体分工、资源的配置和资料的获取等。

三是活动探究。学生大部分知识内容的获得和技能、技巧的掌握都是在此过程中完成的。在老师或专家的指导下按计划开展活动，并做好活动资料的积累、数据的分析、经验的交流等，最后形成研究成果。

四是活动评价。学校组织专门的成果展示交流会，学生通过汇报研究成果来展示他们活动中所获得的知识或掌握的技能，由专家、学者、老师、同伴以及学习者自己共同来参与评价。

第三节　学生“自主管理”学习模式课堂的几个关键因素

一、课堂教学实施的基础——小组建设与评价指导

我们课堂教学实施的基本组织单位就是小组，小组也是学生在校学习和生活的基本单位，为此建立班级后首先要进行小组的划分组建，我们按照“组内异质、组间同质”的原则将班级全体同学划分成若干4~5人小组，按小组统一安排座位，经过实践发现班级的小组以8~12个为宜，既利于组间竞争又利于组内合作。所谓“组内异质”是指小组各成员之间在学业成绩、性格、表达及活动等能力方面存在差

异，有利于发挥组内的互助和互补；所谓“组间同质”是指小组间学习平均成绩、特长发展、性格互补及性别比例等基本平衡，有利于小组间公平竞争和小组内凝聚力的形成。小组的划分建立要体现均衡性，要注意男女搭配比例适当，高矮要匀称，以利于班级座位的安排。班级座位要把同一小组成员靠拢在一起，采用对面围坐的形式最好；应依据学生的学业水平、工作能力、德育素质、身体素质等几个方面尽可能平均划分，学生性格也要注意适当结合（外向爱表现和内向不善言语的组合），另外还要考虑班干部及课代表在不同小组的合理分布，避免他们过于集中。这样的搭配基本使各组实力均衡，使小组评价更具说服力，更能激励组间的竞争。无论如何划分小组，首先，要依据学业成绩将学生划分为三个层次，尽可能在同一层次内再根据均衡性的原则进行调整，总之一定要确保小组内学生学习成绩上三个层次人选的搭配，以便小组内合作帮扶的实施。其次，小组的划分要尽量将学习小组与行政小组统一起来，将学习与卫生值日等常规管理统一结合评价，有助于学生发挥各自优点及特长为小组做贡献，利于小组共同体的形成与发展，提高团队凝聚力，培养学生的责任担当意识。最后，注意在小组的划分上，要在宿舍及就餐安排上，同一小组的同性学生要安排在同寝室同餐桌，这样学生交往接触的时间更长，了解得更全面深入，更有助于学生从友情往亲情上的发展，更有利于形成“家”文化的氛围，有利于自主管理的互助性和自律性。

小组组建好以后，为了使小组产生凝聚力，我们主要从小组文化和小组评价上予以强化，小组文化主要包括组名、组徽、小组精神、个性组牌的制作，各小组根据班级自主管理细则协商制定本小组具体管理要求及奖罚措施。小组的评价标准由各班级制定，但小组评价要体现公平性和持续性原则。小组划分时无论考虑多么周全，也不可能在各个方面都非常均衡，因此分好组后要将分组时各个组在某一个方面的基础情况大致做好记录，与其他小组比较时有一个可供参考的资料。这样便于今后在评价某一方面时可以考虑其基础状况结合现在在某一方面的发展趋势而予以适当的加分评价，例如学习极端生的进步情况，每次评价都要考虑，尽量避免使极端因素起决定性作用。另外小组划分后经过一个阶段的学习，必然会出现这样或那样的情况使小组的发展水平不尽一致，这时需要将小组调整，那是重新分组后一切从零开始，还是怎么办？这里就要注意评价体现持续性，可以将原来的积分平均分配到个人，将个人积分带到新的小组，这样也能体现最初各自对小组的贡献程度。另外小组的调整最少也应满半个学期为宜（10 周左右），即期中、期末考试后，以利于对学生的综合性评价，毕竟评价要落实到每个学生的综合素养等级的评定，这是要载入学生档案管理的。

需要强调的是，不管评价标准如何变动，均应坚持“淡化个体、强化整体”的原则，尤其小组刚成立时，不要把加减分明细到个人，而要记到小组名下。这样考察对象就变成了整个小组，学生个体的荣誉就是小组的成绩，学生个体的失败同样是整个小组的耻辱。例如，课堂提问可以只具体到小组，而不到个人，可以采用小组1、2、3、4号回答正确分别加1、2、3、4分，避免了组长包揽一切，学生会根据提出、解决问题的难度安排合适的组员回答。再若某个学生不完成作业，这时要扣整个小组的分，因为整个小组没有达到要求。于是我们看到了这样的现象：当某个学生因为不同原因而给小组扣了分，比老师更着急的、围在他身边或督促或批评或讲解辅导的一定是他的组长和组员，学习也不再是学生个人的私事，而成了关系整个小组的集体利益，这样就更好地促进了整个小组的互相督促，共同进步。小组内对成员的积分记录那就是他们自己的内部事务，可以培养学生的责任担当，利于组内自主管理水平的提高。为了避免个别小组成员在合作中态度消极或者过分依赖，要给小组成员合理分配角色，如记录员、发言人、举牌抢答员等，分别承担不同的角色，各司其职，为小组在班级竞赛中贡献自己的力量。再例如，班级选举时可以小组为单位投票选举，一票抵四票，同时任课教师参与，代表一个小组，从而使投票选出的学生更有代表性和集中性。2～4周班级重新排位，让先进小组先挑座位。一个月一照相，发放喜报，为优秀小组照相，后面签上老师的名字或者展示到班级文化墙上等激励措施的实施使小组凝聚力得到极大提升，为学生主持主讲形式课堂教学顺利实施奠定了基础。

二、课堂教学自主管理的前提——超前学习和课前培训

超前学习是学生对新课的自主学习。超前学习时间一般安排在每天晚上，第二天上课的老师最晚要在前一天下午放学前将导学提纲发给学生。当然我们还充分利用了寒暑假时间布置大模块的超前学习作业，这在一定程度上减轻了平常超前学习的压力。

学生先对照导学提纲的学习目标通读课本，不讨论，独立完成，要求识记的内容要进行记忆，对于目标涉及的内容进行标记，同时解决自主学习部分的题目，对于不能解决的问题一定要做好记录，以便求助其他同学或者上课时得到更好的解决，不能只划结论不读书，特别自己认为重点的内容或有疑问的地方用不同符号标记，疑难处打上“？”。对于“定义”的自学要做到咬文嚼字、找出其中的关键词，明确

要点。对于定理的探讨和结论的总结，先不要着急看课本，要通过自己的观察用自己的语言进行总结，以便培养自己的归纳概括能力。对于例题要先进行“尝试”，盖住答案，自己先解答一遍，再与课本对照，看解答思路是否一致，不一致时要及时纠正自己的错误想法，再进行“模仿”解决导学提纲中的习题，特别注意解题格式和步骤要严格规范。学生在完成基础练习的基础上多观察、多发现、多提出一些课本隐含的问题来进行小组研讨，对于疑难问题要先进行组内的相互帮扶，并梳理出小组成员共同的疑问填写问题卡交给课代表，然后转交学科老师。通过问题卡不仅培养了学生的问题意识，还会让我们的教学有的放矢、富有针对性。为了保证超前学习的全面推开，我们建立了超前学习记录本，对于自学的成果，小组长要安排专人负责专项检查，做好课前超前学习效果与课堂表现状况的对比记录，不断修正补充学法，共享小组学习资源，除了定期反馈外还不定期进行超前学习的综合检测（尤其较长的假期结束返校后要立即组织检测），养成学生超前学习习惯。通过超前学习，我们的课堂不再是“零”起点的课堂，课堂上的合作才会更精彩。（问题卡及超前学习记录本请见图表）

超前学习记录本内表：

检查时间：____月____日——____月____日

星期	科目及内容		小组成员 检查情况	1号	2号	3号	4号	课堂反馈检验超前学习情况请填到右侧	1号	2号	3号	4号
			较好									
			一般									
			较差									
			较好									
			一般									
			较差									
			较好									
			一般									
			较差									
			较好									
			一般									
			较差									
			较好									
			一般									
			较差									
			较好									
			一般									
			较差									

备注：本表由小组长负责课前和课后检查填写本小组成员各科超前学习情况，不要每天每节课都填写，仅填写布置有超前学习内容的科目，请在相应栏目中划“√”。（课代表和课堂观察员均需要填写此表）

______学科______年级______班

自主学习问题卡

课题			
小组		记录人	
你们的疑问 ——需老师或其他同学帮助解决的问题			
你们的挑战 ——用你们组认为的本课最有价值的问题向其他组发起挑战			

为了让超前学习更加有效，真正起到基础作用，学校专门对基础年级进行相关问卷调查，通过反馈不断从细节上进行引导和完善。

关于“超前学习”情况的调查问卷（学生）

班级：____________

您好！为了更好地了解学生假期作业完成及超前学习情况，开学后我们进行了假期作业超前学习部分的检测，请结合自己在寒假中的学习情况，对比本次检测成绩，认真据实填写以下问卷，以便对学校在今后超前学习方面的研究和教育教学决策提供可靠的依据。

请你将你认为最符合的一个选项填到括号内。

1. 你认为超前学习就是（　　）

A. 提前对课本知识进行自我预习了解有关内容

B. 提前制定详细计划，对自己的假期学习时间分科做好安排，完成各科作业

C. 针对新学期将要学习的内容，提前分配好各科学习时间，制定详细计划，对疑难问题做好记录并采取各种措施寻求帮助，以达到对新知识的初步应用

2. 你升入初中后这段时间以来采用超前学习的次数如何（　　）

A. 经常进行超前学习各科新内容

B. 偶尔进行个别学科的超前学习

C. 基本上不进行超前学习，只是上课听老师讲

3. 你进行超前学习是因为（　　）

A. 老师提倡要求，周围其他同学在超前学习，自己不得不去做

B. 学有余力，老师教学进度太慢，自己课堂没事做

C. 超前学习不但能提高个人成绩，更能锻炼自己解决问题的能力

4. 采用超前学习对自己的具体帮助是（　　）

A. 提高听课质量，可以带着疑问去听课，课堂学习变轻松

B. 提高自己弱科的成绩

C. 使自己的优势学科更优秀

D. 提高自己学习的总成绩

E. 在课堂上自己能更好地回答问题，让同学们高看自己一眼

F. 没有什么帮助，反而加重负担

5. 假期中你超前学习的科目主要集中在（　　）

A. 语文　　B. 英语　　C. 数学　　D. 语数外

E. 史地生　　F. 无

6. 假期中你超前学习的科目存在难度较大的科目主要集中在（　　）

A. 语文　　B. 英语　　C. 数学　　D. 语数外

E. 史地生　　F. 无　　G. 所有学科

7. 通过检测发现，自己进行超前学习后效果最明显有效，进步较大的学科是（　　）

A. 语文　　B. 英语　　C. 数学　　D. 语数外

E. 史地生　　F. 全部学科

G. 由于自己没认真进行超前学习，仅是应付作业，各科全都没好效果

8. 假期中你认为超前学习最好的方式是（　　）

A. 独立参阅资料自学　　B. 在家长的监督下自学

C. 参加专门的辅导班集体培训　　D. 有针对性地请专人辅导

E. 几名同学聚在一起研讨学习

9. 假期中你是采用哪种方式进行超前学习的（　　）

A. 独立自学　　B. 在家长的监督下自学

C. 参加专门的辅导班集体培训　　D. 有针对性地请家教辅导

E. 几名同学聚在一起研讨学习

F. 仅应付完成老师布置的超前学习作业

10. 假期中你超前学习的时间及内容安排如何？（　　）

A. 时间比较零散，内容没有什么计划

B. 时间安排比较具体，不同内容都有具体计划

C. 开始安排时间很少，临近开学安排时间较多，内容也较多

11. 你认为现在班级中哪种座位安排有利于自己进行超前学习（　　）

A. 学生都面向黑板而坐　　B. 学生按小组对面而坐

12. 自己对超前学习后预期目标的定位情况是（　　）

A. 目标明确，能找准自己在班级中学习结果的大体位置

B. 由于家长期望较高，目标定位过高，基本难以达到

C. 家长在学习上要求不高，没有给自己定一个目标，能学到什么程度自己觉得无所谓

13. 对于超前学习的技巧及要求，过去的时间里老师能否进行指导（　　）

A. 所有老师经常给予指导培训

B. 只有部分教师在方法上偶尔给予指导

C. 只有部分教师在方法上经常给予指导培训

D. 只有班主任在方法上偶尔给予指导

E. 只有班主任在方法上经常给予指导培训

14. 对于假期中超前学习情况，你班是怎么做的？（　　）

A. 班主任重点承包几名学生，要求他们经常汇报

B. 班主任调度组长反馈情况，组长调度组员反馈情况

C. 任课老师调度课代表反馈情况，课代表调度组长反馈情况，组长调度组员反馈情况

D. 老师没对我们学生进行监督反馈

15. 你认为假期中超前学习作业安排的是否合理（　　）

A. 作业量过大，加重了负担

B. 作业量适中，基本可以完成

C. 作业量太少，轻易可以完成

D. 作业量不重要，只是题目难度较大

16. 假期中除了超前学习课本新内容外，你是否还学习了老师没布置的内容，例如阅读了一些感兴趣的书籍等（　　）

A. 除了完成老师布置的任务外，自己又学了许多有益的知识

B. 仅完成了老师布置的任务

C. 老师布置的还有没完成的任务

17. 你认为家长在你超前学习过程中对你做过指导或关心过你的学习内容吗？（　　）

A. 家长比较重视，经常陪我超前学习，关心学习效果

B. 家长不太重视，基本不太过问

18. 你认为假期中家庭环境有利于自己超前学习吗？（　　）

A. 家庭环境不利于学习　　　　B. 家庭环境很好，利于学习

C. 家庭环境一般，有时利于学习

谢谢你能如实填写上述内容，对自己存在的问题能有一个清醒的认识，就是自己的进步！

老师们相信你在新的一年里，敢于正视不足，不断学习先进，很快就会更上层楼！祝你成功！

关于“课堂教学改革”的学生问卷调查及座谈反馈

初二级部1—11班问卷300份及44名学生座谈综合反馈情况如下：

1. 你认为超前预习对于学习课本新知识能起到什么作用？

A. 能在较短的时间内更好地掌握新知识，听课效率高（93.6%）

B. 超前预习对于学习课本新知识起的作用不大（4.6%）

C. 超前预习耽误许多时间，还不如直接讲课效果好（1.8%）

2. 你自己是否能主动对各科的学习都有计划地进行超前预习？

A. 能（80.3%） B. 老师要求严格的课就能（6.1%）

C. 只有老师为我们提供专门的预习时间时才能进行超前预习（13.6%）

3. 在超前预习过程中你是如何解决疑难问题的？

A. 找老师帮助（9.7%） B. 小组合作解决（67.9%）

C. 留到课堂听课时解决（22.4%）

4. 你认为超前预习课本新知识最好效果应超前几天？

A. 两周以上（1.3%） B. 一周左右（10.9%）

C. 2~3天（87.8%）

5. 在超前预习课本新知识中，你认为是什么对你帮助最大？

A. 导学提纲（34.5%） B. 学习辅助资料（42.8%）

C. 其他同学（22.7%）

6. 超前预习中你如何才能更好地发现、提出问题，并解决问题？

A. 依据导学提纲中提出的问题（17.1%）

B. 利用学习辅导资料中对知识的释疑（27.1%）

C. 与其他同学的合作交流（55.8%）

7. 你主要利用什么时间来进行超前预习？

A. 双休日（47.2%） B. 晚自习或晚放学后（30.5%）

C. 课间或中午（22.3%）

8. 你认为学生主持主讲课堂效果怎样？

A. 浪费时间，效果差（4.0%）

B. 效果一般，不如老师讲掌握得好（30.4%）

C. 效果很好，学生参与度高，比老师讲听得更认真，更愿意提出和回答问题（65.6%）

9. 你认为让学生代替老师讲课最大的好处是什么？
A. 锻炼了学生的组织、表达能力（68.5%）
B. 加强了同学之间的合作（10.6%）
C. 学生学会了学习，并且自信心增强（20.9%）
10. 你认为上课用导学提纲作用大吗？
A. 大（68.2%） B. 一般（26.5%）
C. 没什么大用处（5.3%）
11. 你认为超前预习并担当主讲去准备一节课大约需要多长时间才行？
A. 一节课（48.5%） B. 两节课（33.1%）
C. 更长时间（18.4%）
12. 在超前预习时各科之间会发生冲突吗？
A. 会（6.0%） B. 偶尔会（52.3%）
C. 不会（41.7%）
13. 你在担当主讲时，所讲部分知识在掌握上较其他时候更牢固吗？
A. 是的（79.9%） B. 反而掌握不好（5.4%）
C. 没什么大区别（14.7%）
14. 你愿意在课堂上担当主讲的角色吗？
A. 非常愿意（59.4%） B. 不愿意（10.2%）
C. 有的课愿意（30.4%）
15. 假期中的超前预习，你认为有必要吗？效果如何？
A. 有必要，效果很好（68.1%） B. 有必要，效果一般（23.0%）
C. 没必要，效果不好（8.9%）

16. 你对现在的课堂教学方式有什么好的建议和看法？请在下面写出你内心的真实想法。

（1）对于知识内容简单的课让学生讲好，而有难度的课还是老师讲好，因为学生讲的知识面不全，广度不够，重点把握不准，需要老师根据教学内容合理安排讲课形式，另外有的课部分内容并不适合学生讲，如数学、地理、生物等（课程进度紧张的，需理解性记忆的）。

（2）部分学生认为在讲课时全组每名学生都能参与讲课好，不要让学习差的仅当加分员，争取给每个组都提供主讲的机会，不要每一科都让讲得好的组多讲，还有部分学生认为每组出两名代表参与讲课好。

(3) 学生们希望得到老师及时的表扬和鼓励，希望讲课时上、下互动多一些，不举手的也要提问，希望教师在学生讲课时能及时补充、点拨，下课前老师要总结、评价并指导有关讲课技巧。

(4) 希望老师在学生预习时能提供一些好的资料，仅有导学提纲远远不够，还有部分学生提出对于准备讲课的小组老师最好能提前辅导，并且能多给一些自理时间以用于准备讲课。

(5) 希望学生讲课时能详略得当，速度慢一些；个别学生感觉学生讲课对于主讲的学生是有很大好处的，而对于听课的学生却没有多大好处，对老师的做法有点意见。

(6) 假期中的预习很多学生不够认真，保证不了预习质量，建议定期返校交流。

通过不同阶段课堂教学实践的推进，针对课堂教学的情况对学生、家长、教师进行问卷调研，根据整理反馈的数据不断改进教学的要求，加大对学生超前自主学习的规范与方法指导。

另外对于“主持主讲”课堂，教师课前要指导培训，除了要求主持主讲小组的学生掌握本节课的知识点外，更要培训他们怎样巧妙地营造宽松、愉悦的气氛，懂得让别人开口说话，不失时机地发问、引导其他同学发表自己的见解，生成有价值的问题或经验。对有些环节知识的解读既要有自己对问题是非的辨别和深入引导，不是不讲，而要精讲，点拨总结到位，讲得清清楚楚，也可以在有些问题上故意挖掘“陷阱”，增强学生的辨别能力。主持主讲小组要储备好本节课所用到的所有可以想到的相关知识，对同学们提出的问题有能力解答，注意适时关注下面同学的各种表现并进行适时的评价，对不同层次学生都要给予适当的表现机会并采用激励评价、中肯到位，与同学们的热情回应产生互动。当然对于主持主讲过程中难免遇到一些困窘的问题，这时要学会随机应变，让其他同学回答或小组讨论，也可以求助于老师，千万不要慌；承担主持主讲的学生还要把握好重难点的处理要求及各个环节的衔接与过渡，主持搭档间的沟通交流和分工配合可以提前演练一下，以保证配合时不出问题，特别是过渡衔接语的表述要简练。另外要学会反思总结本组本次登台实验的成功与失误，便于下次做出调整。开始实施阶段可以在部分环节让学生先进行主持锻炼，然后再拓展到主讲。课堂实践证明，学生主持主讲对于口语表达水平提高最快，学生学习的兴趣空前高涨。他们分工明确，配合默契，创造了一次又一次课堂教学的高潮和精彩。

三、课堂教学自主管理的保障——规范引领与两清策略

自主权交给了学生，学生的合作探究是以小组为单位进行的组内交流、讨论，组间挑战、质疑、求助活动。通过合作释疑解难，辨明是非，生成新知，培养学生多向思维、分析批判、合作表达等综合能力。课堂教学自主管理是建立在小组合作基础上的，而不是一个个体能自觉进行。因此，首先要培养学生的合作意识，例如对于不习惯合作的可以通过活动让学生体验合作的重要性，不会合作的我们开展一些自己无法完成的小活动让学生体会（可以组织一些体育活动或综合实践性的活动，效果最为明显）。对于课内的合作探究主要还是以小组内的合作讨论为主，能独立学会的问题不讨论。在讨论时，组长要让组员迅速聚拢到一起，并明确讨论的任务是什么，需要解决什么问题，并做好组织管理工作：安排好记录员、发言员、举牌者，以及内容和角色的分工等，另外注意加强监督，控制讨论时间和讨论方向，对注意力不集中的组员要提醒，并激发组员积极发言，不能只听一个人说，也不能一言不发。讨论时先各自进行独立思考，然后小组长有序地安排好发言，根据课堂回答问题及展示的难易程度分配代表发言的同学，控制优势学生的发言，以便给其余学生以更多的锻炼机会。讨论的过程中还要互相补充、质疑并阐述自己的观点，要求别人说话的时候要安静地倾听，用点头表示赞同或感兴趣，不要打断别人的思路，等别人说完了再补充，对补充得好的建议采纳后要表达谢意。此外要学会组内求助，做到不懂就问，眼睛注视对方，真诚表明自己具体需要帮助的地方，即使对方的解释暂时没听明白也不能不懂装懂，要学会打破砂锅问到底，弄清实质，让帮助自己的人也有所收获。小组内达成共识，要适时总结并记录，交给发言员准备全班内进行交流展示，发言时要明确表述是本组集体的意思还是个人的见解。若组内观点不同时要想方设法通过说理、讲思路去说服对方，尽可能达成一致意见。举牌员在本组讨论完后要及时举牌以取得发言展示机会。对于组内不能解决或解决不彻底的问题，要求助于其他小组，这时可以重点讨论有疑惑的内容，以便于共同解决。对于始终不能完成任务，拖沓不达标的学生只采取激励的方法失效时应该采取什么措施？所有这些合作方式方法及技能的要求，从开始阶段的能力上来说学生不可能天生具备，这就需要像“大禹治水”那样因势利导，疏堵相济，通过制定规范和刚性措施来让学生逐步具备这种能力。

第四节 师生课堂规范的制定与培训

一、学生学习规范的制定与培训

对于“主持主讲”课堂，关键还是以学生能力的提升为目的，为此需要通过规范的引领来潜移默化学生的技能提高。所谓的规范也是在不断实践过程中逐步得以完善，如学生学习规范包括了独立自学规范、小组合作讨论规范、课堂发言规范、上台展示规范等，这些规范不管是从行为上还是语言表达上都制定了明确而具体的范例要求。代表小组发言时要举“组牌”，代表个人发言要举手。在代表小组发言时，首先要说“我们小组认为……”；代表个人发言时要说“我认为……”。如此种种均进行了明确而具体的要求。

（一）独立自学规范

1. 基本规范

（1）明确学习目标，确定独立自学时间（超前学习由小组统一安排，课堂上根据老师的安排）。

（2）根据学习目标粗读课本，了解教材内容，计划自学进度。

（3）根据导学要求精读课本，将与目标有关的内容和自己认为重点的内容或有疑问的地方用不同符号标记。如：重点词用“△”；公式、方法、概念、定理等在下方用红笔画“__”；疑难处打上“?”，学习中的困惑、自己的发现或感悟写在课本上。

（4）根据导学提纲要求，自己独立梳理基础知识，完成导学提纲有关问题。要求识记的内容要进行记忆。

（5）小组进行疑难问题研讨，进行相互帮扶。然后梳理出小组成员共同的疑问和确定挑战其他小组的问题，填写问题卡。

（6）进行对标自查或小组成员之间互查。除小组存在的共同疑难，其他知识和技能要求每名同学都必须达标。

（7）自学过程要专心，做到眼、手、脑并用。不磨蹭，不走神，不打扰别人，不轻易被外界干扰，不轻易问其他同学。

2. 学科要求

语文：能做到准确流利有感情地读课文，能准确给生字注音，掌握字形，理解词义，据体裁特点准确概括出课文的主要内容。搜集与课文有关的文学常识和同类文章，准备课堂交流。

数学：对于例题要先进行“尝试”，盖住答案，自己先解答一遍，再与课本对照，看解答是否一致，不一致时要及时纠正自己的错误想法。再进行“模仿”，根据例题的解决方法和步骤，解决导学提纲中的习题，特别注意解题格式和步骤要严格规范。

英语：精读课文时标出新单词及不熟悉的词汇，通过查词汇表或字典明确单词的读音及意思并能识记。圈出词组，划出重点句型，梳理知识点，并仿照课文原句模仿造句，完成导学案的自学反馈题。

物理：要弄懂引入相关物理量的原因，能够列出探究的方法、步骤和结论，搞清楚探究的过程并复述，能在课本上标出本节的重要知识点。

化学：重点识记和理解基本概念（黑体字），准确地书写有关的化学用语，特别是化学反应方程式。对探究实验能写出探究的方法、步骤和目的，理清化学知识与生活的联系。

政治：通过精读课本，找出教材中的一些基本观点和重点理论，并用铅笔标识出来，能尝试归纳提炼出有价值的问题，并记录下来。搜集与课本知识相关的热点新闻，尝试着运用课本知识分析解决。

历史：能够勾画出（列表）本节课关键的历史事件及与之相关的背景、人物、地点、结果和意义等。

地理：能够按照自然环境和人文环境两条线进行学习。对于自然环境，比如地理位置、地形、气候、河流、自然资源等，要根据目标要求进行识记，并且能找出这些自然要素之间的关系。关于人文环境的内容，尽量能够提出一个相关的问题，准备课堂上探究。

生物：能够识记生物图中的结构名称及其作用，能理解重要概念，尝试进行资料分析。对于实验要了解实验的目的、器材及步骤，能初步设计探究实验方案。

（二）小组合作讨论规范

1. 行为规范

（1）合作前，要认真领悟合作需要解决的问题，明晰老师对合作提出的要求。

（2）根据教师指令，能快速形成小组，做到迅速、轻声、有序，围成小组的桌面要清洁。

(3) 讨论前，要先根据讨论主题进行独立思考，然后再根据小组长安排发言顺序（一般按照4、3、2、1顺序）进行交流。

(4) 组长要分工明确，通常4号、3号同学发言后，2号同学进行补充或纠正或谈自己不同的观点，1号同学在发表自己见解的同时，对小组的观点进行梳理汇总，2号同学负责记录。组员各抒己见时，组长要调控好纪律，一人发言其他同学要认真倾听。

(5) 讨论过程中，组长要判断同学的发言是否偏离主题，一旦偏题，组长要迅速进行制止。另外，小组合作讨论要坚决杜绝个别成员不动脑、不发言的“搭车”现象发生，出现这种问题组长要及时指出。

(6) 小组讨论原则上要求小组内达成共识，观点不同时要想方设法通过说理由、讲方法、理思路去说服对方，然后达成一致。

(7) 由于小组讨论的问题有一定的难度，易产生多种观点，如果实在不能达成一致，时间允许时小组同学可以分散到相邻小组或向老师请教；如果时间不允许，小组1号或2号同学要记录下小组的分歧点或疑问，在全班交流时提出来，寻求其他小组的帮助。

(8) 讨论结束，组长要根据问题的难易安排相应的组员争取在全班展示（4号、3号优先），被安排展示的同学要“举牌”以示小组讨论完毕并争取发言机会。

2. 语言规范

(1) 在有人没有积极参与小组活动时，组长要及时提醒：“某某同学你在干什么呢？”“某某同学请认真听取他人发言好吗？”

(2) 当组员发言偏离主题时，组长要及时指出：“你的观点已经偏离了主题，请围绕主题发表意见，好吗？”

(3) 当自己的观点和别人不同时，要敢于说：“我认为……”“我的观点是……”。

(4) 当自己认为小组的结论还不完整、不全面或不准确时，要敢于说：“我觉得这样做还不够，我想是否可以这样来想……”。

(5) 学习的新知识与已有知识联系密切时，要习惯说：“这同……一样吧？”“这同……有关系吧？”

(6) 对别人的正确意见表示赞同，可以说：“我完全同意××的意见”。对别人的高明见解表示赞同，可说：“太棒了！”“真是令人佩服！”

(7) 在整个小组出现观点分歧时，组长要说：“我们不能这样僵持着，我们分散到相邻小组请教，好吗？”

（三）课堂发言规范

1. 行为规范

（1）要认真听清老师提出的问题和学习要求，经过认真思考后再发言。

（2）发言先举手，未经老师允许不要随意插嘴。举手时动作要规范，不敲桌子，不要边举手边叫嚷。

（3）发言时站姿要端正，挺胸抬头，精神饱满，信心十足。

（4）发言需要书本辅助时，要两手托书，平放胸前。

（5）在代表小组发言时要举“组牌”，代表个人发言要举手。

（6）在补充别人的发言时，首先要倾听完别人的观点，不随意打断别人的发言。

（7）如果有疑难问题需要质疑，要在老师或同学讲解或交流到问题所在的地方时再适时提出疑问。要敢于大胆质疑文本、质疑老师和同学不够严密的观点。

（8）在挑战环节，可以不举手直接站起来挑战其他同学或小组，但要注意首先认真倾听别人的观点，在同学表达完后再挑战。

（9）辩驳别人观点时，要在对方发言完后直接站起来进行阐述，并要抓住对方发言中的关键词或主要问题有条理地进行辩驳，辩驳只针对问题，不可出现不尊重同学的语言。

（10）在评价过程中要首先肯定同学的亮点，然后再提出自己的建议或想法。

（11）发言是给全班同学听，不是只给老师听，所以要面向大多数同学。前几排的同学要面向后方，两侧的同学要面向中间，座位上的同学要自动转视发言同学。

2. 语言规范

（1）发言时要使用普通话，做到声音洪亮，语言流畅，语速适中，让每个同学听清楚。对于理解性的问题要尽可能地使用自己的语言进行回答。

（2）在代表小组发言时，首先要说“我们小组认为……”；代表个人发言时要说“我认为……”。

（3）在为别人补充时，要说“我补充一下××同学的观点，……”。

（4）对有疑难问题需要请教或质疑时，要说“我有一个问题请教同学（老师）……”。

（5）在其他同学发言后如果自己有不同的观点或方法，要说“我对某某同学的观点有不同的看法，我认为……”“对这个题目我还有一种新方法，……”。

（6）对其他同学的交流进行评价时注意评价的内容要具体，比如“我对你的诵读评价一下……"，或者"我评价一下你对这个问题的分析……"等。

(四) 上台展示规范

1. 基本规范

(1) 小组成员合作展示时分工要明确，有主持的，有主讲的（讲解也可以有分工），有补充的，有点评和总结的，要注意成员之间的密切配合。一般情况下，可以让3、4号同学优先讲解，2号同学进行补充，1号同学进行点评和总结。在展示的问题比较复杂或难度较大时，可以只让小组1、2号同学展示，可以让2号同学讲解，1号同学补充、强调和总结。

(2) 展示的同学一定要代表小组的观点，应该说"我们小组通过深入探讨，认为……"。要表明个人观点时，要明确地说"我个人还认为……"。

(3) 展示的同学举止要大方，要面向全体同学侧身讲解，以免让身体挡住黑板。声音洪亮语言流畅，使用普通话。重点内容和关键步骤要进行规范地板书。

(4) 在讲解重点时，注意使用教鞭等教具指点黑板或屏幕有关文字、图形进行分析、明确或强化，同时提醒同学注意："请大家跟我一起看黑板（屏幕）……"。

(5) 展示同学要注意与台下同学进行互动，适时引导："为什么这样?""还可能怎样?""哪个小组能说一下?"

(6) 台上台下出现多种观点争执不下的时候，可以请求同学或老师的帮助："这个问题我们小组也不能解决，老师（哪位同学）能帮帮我们吗?"

(7) 在小组展示结束时，可以询问："我们小组的展示完毕，哪个小组愿意为我们点评或补充一下?"

(8) 对台下同学的发言要认真倾听，进行必要的点评；面对其他同学的质疑要据理力争，充分阐述自己的理由；对于其他同学的补充或点评应予以礼貌地感谢或赞扬："你想的真全面，谢谢你给我们补充!""谢谢你对我们提出中肯的评价，我们会做得更好!"等。

2. 学科规范

(1) 理科讲解题目时，要着重围绕解题思路进行分析，要突出重点，点拨到位，说明考察的知识点，讲解时可提醒同伴本题的错误思考区、易错点以及题目所设的陷阱（如，我或者我们组认为本题的易错点是……），讲解要有层次，可采用综合法正面分析（通过读题分析条件得到什么结论，再结合问题两头凑的办法），也可采用分析法从结论入手（要解决这个问题我认为需要这些条件……）。注意展示的是思路，突出的是方法（如：我或我们组的思路是……，我或者我们组想到的方法是……），既要讲清楚为什么要这样做、为什么要这样想，又要说明白解题的突破口是什么。

（2）文科在解读文本时要着重围绕文本的思想内涵、文章脉络、情理意蕴等方面，发现文本的独特之处、细微之处、关键之处。讲解时，可采用构建知识网络的方法来处理信息（如：我们组采用比较法来建立知识体系……我们组通过绘制表格来梳理知识……我们组寻找关键词句快速掌握信息……）；也可采用与文本对话的方法深入文本。讲解的语言要明晰生动，富有感染力和表现力。展示的过程要突出个性化和挑战性（如：我们组对这个问题有不同的理解……如果这样表达，效果会更好……）。

（五）主持主讲规范

1. 主持主讲小组必须提前一周左右进行申请或由教师指定。

2. 主持主讲小组接到任务后，组长要带领小组成员对主持主讲的内容进行认真反复地研读。

3. 提前3天约定学科老师，汇报小组对本节知识的研读情况，同学科老师一起确定主持主讲的环节、主持的形式和主持人。与学科教师一起备课，再次深入地研读课本及教参，确定好本节课的学习目标，分析与本节知识相关的前置性知识，理解和把握本节知识的重难点，熟练掌握本节课的知识点。备课过程中主持同学要大胆地提出自己的合理化建议，要特别注意过渡语的设计、知识框架的建构、主持主讲过程中可能出现问题的预设等。

4. 利用课余时间进一步搜集相关资料，在老师的指导下制作简单的PPT课件。

5. 主持主讲同学对所讲内容必须熟练，讲课时要求脱稿。主讲人要提前进行必要的试讲，让老师在主持形式、主讲语言、突出重点、突破难点、成员分工及充分调动全体同学思维积极性等方面进行指导调整。

6. 主持主讲人要举止大方，精神抖擞，眼睛注视台下同学，用眼神与同学交流。口齿清楚，语言精练，声音响亮，对自己充满信心。

7. 用精彩的开场白吸引同学的注意力，激发大家的学习兴趣。

8. 课堂讲解思路要清楚，语速要适中，环节之间过渡自然，讲解到位，会分析，会总结。对同学的回答要及时给予点评，态度要诚恳。

9. 有较强的课堂组织和调控能力，面对课堂突发生成的问题，沉着冷静地应对，如果不能马上判断正误，可先让小组讨论，解决不了再请求老师帮助。

10. 指令到位，节奏紧凑不拖沓，同学们提出疑问，自己可以进行解答，也可以灵活地让其他同学来回答，自己起到组织、质疑或解疑的作用，学会故设陷阱以增强同学们在听讲中的辨别力。

11. 点拨引导要有逻辑性，要说思路、说方法，讲明所用到的知识点，总结做题方法及解题规律。

12. 要善于调动同学们参与的积极性，激发同学们的学习热情。

13. 对整堂课要进行总结与评价，并提出希望，特别要注意对情感、态度、价值观方面进行总结。

14. 讲完课以后要及时与老师同学交流，组长要组织小组成员一起分析本节课的得失，总结成功的地方是什么，需要改进的地方是什么，并积极改进，为下一次的挑战做准备。

二、学生合作技能的培训

有了规范的引领，还需要逐步分层进行培训，才能形成学生的技能，为此我们组织教师从十个方面对学生进行了具体的培训。

（一）听取

1. 听人发言要专心，眼睛注视对方，以微笑点头表示赞同或感兴趣。

2. 努力听懂别人的发言，边听边想，记住要点并考虑他说的话是否有道理。

3. 别人发言时不随便插嘴打断，有不同意见，要耐心听别人说完后再提出。

4. 听人发言时如有疑问，请对方解释说明时，说话要有礼貌，使用“是否请您……”或“您是不是可以……”。

5. 学会站在对方立场考虑问题，体会别人的看法和感受。

（二）发言

课堂发言声音要洪亮，语言要简洁，思路要明晰，要面向全体同学，必要时到讲台前发言。

1. 组内发言：

（1）先准备后发言，不信口开河。

（2）发言围绕讨论中心，不东拉西扯。

（3）谈看法要有根据，能说清理由。

（4）语言表达力求清楚明白，不啰唆。

（5）别人提出疑问，要针对问题耐心解释，要尽可能做出令人满意的答复。

2. 代表小组发言：

（1）一定是代表小组集体的观点。使用“我们小组认为……”

（2）对小组成员的发言如需补充，可直接站起来，使用“我们小组还认为……”

（三）求助

1. 遇到学习上的困难，可向同学请教，要让别人明白你不懂不会的地方。

2. 态度要虚心有礼，略略欠身，眼睛注视对方。

3. 别人帮助后还不理解，请使用“我还是不太理解，能不能再给我解释一下？”

4. 接受帮助后，应肯定对方对你的帮助并表示感谢。

（四）反思

1. 虚心考虑别人的意见，修正和补充自己原来看法中不正确、不完善的地方。

2. 勇于公开承认自己的错误认识，肯定与自己不同甚至相反的正确看法。

3. 每节课结束，都要反思自己小组的合作情况，找出不足，提出努力方向。

（五）自控

1. 服从组长安排。

2. 遵守纪律，不随便离开座位，不讲与学习无关的话。

3. 小组讨论时，有次序地发言，声音要轻，不影响其他小组学习。

4. 服从组内大多数人意见，个人意见可保留，但应到课后再与老师同学交换不同意见。

（六）帮助

1. 关心同学，积极了解同学的困难。

2. 主动、热情、耐心地帮助同学，对被帮助同学不说讽刺、嘲笑、挖苦一类的话，不伤害同学的自尊心。

3. 帮助时，要向同学说清发生困难的原因和解决问题的方法。

4. 对同学说：“有困难找我，我会尽力而为的。”

（七）支持

1. 对别人的正确意见以点头、微笑表示赞同，还可以说“我完全同意××的意见”。

2. 对别人的高明见解以点头、微笑、鼓掌表示赞同，可说“太棒了！”“真是令人佩服！”

（八）说服

1. 在仔细观察分析别人的发言或操作的基础上提出不同意见。

2. 肯定对方意见正确的一面，再批评错误的一面。

3. 摆事实讲道理，以理服人。

4. 平等待人，态度要诚恳，说话要婉转，不嘲笑、攻击他人。

（九）建议

1. 独立思考，敢于提出自己的大胆设想。

2. 开动脑筋，提出自己的看法及理由，提出具体的行动方案和措施。

（十）协调

1. 鼓励

（1）善于根据学习任务引发话题，组织讨论。

（2）关于每一个组员的活动，对组员的发言给予鼓励性的评价。

（3）随时注意观察讨论的气氛和组员的参与情况，用微笑、期待的目光或鼓励的话引导较少发言的同学参加意见。

2. 阻止

（1）当组员思想开小差或违反纪律时，可先正面提醒："请注意纪律"或用目光动作暗示。如仍无效，再严肃地点名制止。

（2）当组员讨论偏离中心议题时，应委婉地发出信号，使言归正传。

（3）当组员讨论态度不当（如对他人发言取笑攻击等）时，应予指正。

3. 求同（与别人意见不一致或发生冲突时）

（1）仔细听取别人意见，考虑这些意见的合理性。

（2）努力找出彼此不一致的地方，明确地、充分地表述自己的看法和理由。

（3）努力找出彼此一致的地方，做出必要的让步，达成一致性意见。少数服从多数，达成一致性意见。

4. 分担

（1）明确学习任务和目标。

（2）根据个人特点，分配任务。

（3）各自专心学习，努力完成任务。

（4）展示学习效果，交流提高。

5. 总结

（1）综合说明同学讨论时提出的几种意见。

（2）分析讨论意见，得出结论。

对于规范和技能的学习要从点滴学习积累并实践运用，学生不可能一口吃成“胖子”，下面列举一个班主任在学习落实规范培养技能过程中的交流发言。

“今年的班级组建之始，同学们的课堂表现并不太好，大部分同学课堂表现拘谨，不敢到台上来展示自己，若有听课老师在场，就更不用说了。至今我还记得第一次在课例研究室讲课时的情景：有的同学紧张得说话时声音打颤，有的同学站起来发言时两腿发抖……针对这样的情形，一方面，我开始想方设法改变同学们的观念，对敢于大胆发言的同学进行大力表扬，鼓励同学们勇于“挑战自我、主动发展、张扬个性”，将自己的风采大胆地展示给大家；另一方面，我利用一切可以利用的时间，通过加强各项规范的学习来改变孩子们的气质。首先，我先带领各科课代表及学习委员等同学进行学习，找出每一项规范中的重点内容，给他们进行重点解释，然后给他们布置任务，让他们根据所学自选内容准备给同学们进行现场演示。为了帮助同学们加深记忆，我们还将规范的内容体现在黑板报上。其次，我们利用活动课的时间，让这些同学带领大家认真学习规范，然后由他们将自己准备的内容表演出来，让同学们根据规范找出处理不正确的地方加以指正，老师进行从旁指点与补充。

“至今还记得，在学习主持主讲规范时小主持人李亚童、孙梦雪第一次站在讲台上的情形：她们神情呆滞，小手不断地揉捏着自己的裤子，说话磕磕巴巴，紧张得厉害……就这样让他们直接站上讲台，是无法成为同学学习的典范的。于是，在我们教室对面的课例研究室里，他们一遍遍地演示、一遍遍地尝试，我也给他们一遍遍地纠正、讲解。就这样改了练、练了改，最后，他们终于能够自信地站在台上，其流畅的语言、清晰的表达、丰富的表情，赢得了同学们的阵阵掌声。后来，在一节校级课例课上，他们的表现受到了听课老师们的高度评价。在他们的带领下，我们班相继涌现了一大批优秀的小主持人，如李亚童、孙梦雪、崔妍、张文钰、镡康文、杜承霖、马海鑫、原许聪等，通过不断的学习与磨炼，同学们的课堂表现明显改观：讨论热烈了，声音洪亮了，发言积极了……同学们的优秀表现给各任课老师的课堂带来了很多精彩。例如：音乐展示课后赵校长对同学们的肯定与赞扬，英语展示课上鲍校长难得一见的灿烂笑容，级部、学校一次次的班级能力测评中一等奖的荣誉，都是对我们班级所有师生的最高褒赏。通过一次次的讲课、听课锻炼，同学们合作、展示以及主持的能力逐渐提高，积极、活跃的课堂表现形式已然形成。现在，同学们积极踊跃地参与课堂已成为一种习惯。”

三、教师教学规范的制定与培训

（一）课堂行为规范

除课堂教学最基本的行为要求外，我们重点对教师课堂行为提出如下要求：

1. 在学生独立自学前，教师要明确提出自学要求，在自学时教师要尽量少说话，给学生一个较为安静的思考空间，同时教师巡视全班，针对学生新出现的问题进行《独立自学规范》指导，个别问题个别指导。

2. 学生进行小组合作讨论时，教师要参与到小组中和同学们一起研讨，并观察全班所有小组讨论情况。收集和发现值得在全班展示的亮点或疑点，对出现偏离主题和困惑的小组进行必要的指点，对效率不高的小组进行指导。

3. 一节课教师在讲台上站立的时间一般不超过 15 分钟。除使用多媒体和板书以外，课堂上教师要尽可能地离开讲台，走到学生中间，拉近师生之间的距离。

4. 学生课堂展示时，教师要主动将讲台让给学生，站到全班同学的两侧，认真倾听展示同学的讲解，观察台下同学的反应，尽量不要打断台上同学的展示。

（二）课堂语言规范

1. 教师的课堂语言要尽量做到声音洪亮、吐字清晰、抑扬顿挫、表述规范、富有激情。文科教师做到声情并茂，有感染力；理科教师做到言简意赅，有逻辑性。

2. 教师下达的每一项指令要清晰明确，并一次性交代清楚，指令要求较多，可以在屏幕上提示。让学生听到后立刻知道自己应该做什么、怎么做以及做到什么程度。

3. 在学生回答问题时不随便插话。学生回答完毕后，教师尽可能先启发其他同学进行点评，必要时教师进行画龙点睛、简明扼要的点评。

4. 在学生思维遇到困难时，教师要运用合适的语言进行启发，对学困生要多采用鼓励性语言。

（三）课堂板书规范

1. 无论是否使用多媒体，必须板书。板书内容要提纲挈领，重点突出，课题必须板书在黑板上方中间位置。概念、规律、重点知识体系、达成重点目标的方法等作为整节课保留内容，板书在课题下方。其他内容（可以随时擦掉的内容）板书在中心内容的两侧或下方。

2. 小学各学科和中学语文教师要规范使用正楷字板书，中学其他学科教师要规范使用正楷或行楷字板书，外语教师板书要符合英语书写的规范要求。

3. 理科教师对例题板书，必须做到步骤清晰完整，格式规范。

（四）时间控制规范

1. 基于超前学习的课堂，小组合作交流研讨、互帮互检时间总量一般不低于 8 分钟；班级交流展示、辩驳挑战时间总量控制在 10 分钟以内；教师讲解、点拨、归纳时间总量一般不超过 10 分钟；当堂检测、反馈、矫正时间总量在 10 分钟左右。

2. 始于零起点的课堂，学生独立自学时间不低于 5 分钟；小组合作时间总量不低于 8 分钟；班级交流展示控制在 8 分钟左右；教师讲解、点拨、归纳控制在 10 分钟以内；课堂达标、反馈、矫正时间总量在 8 分钟左右。

3. 以上各环节时间量只是常态情况下的要求，不是一成不变的，教师要根据学科特点、教学内容和课堂的动态生成情况灵活安排和随机调控。

（五）课堂提问规范

1. 课堂提问要面向各层次的学生，照顾大多数学生，给尽量多的学生回答问题的机会，以提高学生的参与度，对不同层次的学生发言次数要基本达到均等，一堂课提问同一名学生尽量不超过 2 次（抢答形式的除外）。根据问题难度适当选择相应层次的学生回答，另外注意调控各个小组目前的课堂得分情况，把机会适当倾斜暂时落后的小组。

2. 对学生回答问题（发言）的指令要清楚。一种情况是要求说明回答小组观点还是个人观点；一种情况是要说明举手回答还是进行抢答。另外尽可能把回答权交给小组自行决定。

（六）课堂练习规范

1. 练习题目必须有层次性，要有必做与选做部分，以照顾到全体同学。

2. 练习题的排序要由易到难、由简到繁，要由基础到综合。按照适宜于 4、3、2、1 号同学的顺序排列。

3. 如果练习解答允许板书，要尽可能地让学生在黑板上板书。

4. 练习结束，必须进行小组内或全班矫正，可以借助板书、投影等适时反馈方式订正，调动学生多种感官参与，借机进行组内帮扶。

（七）课堂达标规范

1. 达标形式、达标试题必须提前设计。达标试题要设必做题（基础）和选做题（综合性难度大）两类，分别用于检测不同类型学生的达标情况。

2. 达标测试不允许学生之间进行讨论，必须独立完成。

3. 达标测试时间必须得到保证，不得被其他环节挤掉，达标可以采用课前测、课中测、课后测，建议尽可能采用课堂结束前对当堂知识小测。

4. 评价小组是否达标，必须看小组成员是否全部达标。

（八）课堂调控规范

1. 在教学过程中，如果出现生成性问题，教师应先引导学生判断问题是否有价值。对有价值的问题，教师首先要对提出问题的同学进行充分的肯定，然后根据问题的性质采取适当的方式进行解决。如果是可以运用当堂知识解决且教师认为班级大多数同学能够解答的，应立刻让全班同学进行解答；如果是涉及前后知识跨度较大，或问题难度较大，或问题可以从多角度解释等，教师应采用先小组讨论，然后小组汇报的方式解决。如果学生集体解决不了，教师应及时给予点拨、引导，然后进行生成性的小组讨论。对无价值的问题，教师要婉转地说明对本节课的学习意义不大，课后个别交流。

2. 在辩驳中遇到争执不休的问题时，教师要控制好时间，及时归纳列出几种具有代表性的观点，引导学生进行小组讨论，迅速确定出正确的观点（可能正确观点是多种），如果时间不够用，可以灵活安排学生课后讨论，形成结论下节课展示。

为了促进课堂教学研究在各类规范上的落实，学校还组织了各种课型的课堂教学大比武活动。另外每年寒暑假学校还要组织本校骨干教师进行管理与教学方面的“百家论坛”式研讨交流，如“课堂展示环节如何让学生主持课堂”，讨论了现阶段学生主持课堂存在的主要问题以及如何让学生更好地主持课堂，提出了系列建议。

示 例

课堂展示环节如何让学生主持课堂

一、让学生主持课堂的目的是什么

让学生参与主持课堂教学是为了创造一种民主、自由、愉悦的学习氛围，充分挖掘学生的学习热情，学会主动学习，培养他们合作探究的意识，激发他们的创新思维，充分暴露出学生学习过程中的问题，使教学更有针对性，思维更深刻，同时锻炼学生的语言表达和组织驾驭课堂的能力等。

二、现阶段学生主持课堂存在的主要问题

1. 课堂的主持人变成了老师的“傀儡”，一切的课堂设计都是按照老师的思路进行，对于老师已规定好具体环节的内容，只需让学生课堂去“表演”，甚至已经彩排了多次，这样的课堂主持已经变成学生的负担，偏离了我们的目的。

2. 课堂的主持人单纯主持，只是不断地让别人来回答、讲解，让其他学生对别人的回答做出判断或评价，基本作为旁观者不谈自己的看法或判断，更谈不上对有些环节知识的解读或主讲，缺少自己对问题是非的辨别和深入引导。

3. 个人准备不充分

（1）基础知识没有夯实，没有做好超前学习，相关知识储备太少，挖掘知识深度较浅、学生无法深度展示或质疑，久而久之，问题意识缺乏，学习也就失去激情。

（2）没有提前和主持的搭档进行沟通交流和分工配合，致使在主持的过程中分工不明确，缺少相互间的补台和过渡衔接，成为各自孤零零的主持，细节处理不好，影响了合作学习成果的展示。

（3）对本节主持内容没有把握好重点，缺少提前与老师的交流，在目标达成度上把握不好，该快的部分不快（非重点内容），该慢的部分不慢（重点、难点部分）。

4. 学校（教研组）缺少宏观调控，倡导学生主持就一哄而上，不分内容和课型，一律把机会让给班里学习表达能力强的主持展示。所以学生主持的课堂每班每天最好不要太多或不要过于集中地让几个学生主持。

5. 评价体系未能配合好，过于功利化或程式化。

三、如何让学生更好地主持课堂

（一）兴趣引导

展示个性、追求成功、享受欢乐，既是心理的需要，也是促进心智健康成长，提升生命质量不可或缺的重要因素。通过主持课堂可以给自己树立信心，在同学们面前展示自己的另一面，可以培养自己的语言表达能力，以及与人交流沟通的能力。特别是对言语表达技巧的锻炼，课堂突发情况的处理，课堂领导力的展示，都会让自己在同学中产生较高的影响力和树立威望。参与课堂主持或主讲的整个过程对学生综合能力的提升会起到非常大的作用，为自己将来得到更好发展奠定基础。如坐车是一种身体享受，而开车是一种精神享受，相信更多的人更想体会开车的感觉，因为开车的人掌握主动权（方向和快慢）。

（二）指导培训

1. 做主持人必须做好超前学习，要有备课，对于课前准备，一定储备好本节所要用到的相关知识，不但要基本掌握本节课的内容，还要深入挖掘课本所蕴涵的内容，要有深层次的问题意识。在知识层面上，自己解决不了的问题，可以找组内或其他小组同学讨论，实在不行，请教老师，还能得到老师的拓展补充。

2. 做主持人必须提前与老师交流，对老师的建议可以适当采纳，但不必完全听从，只要把握好老师强调的重难点的处理要求及别偏离了学习目标即可。另外，与主持的搭档进行沟通交流和分工配合也是很重要的，应该与搭档提前演练几遍，以确保配合最起码不出错误。

3. 不借主持人之便，大谈自己的观点、看法，而要巧妙地营造宽松、愉悦的气氛，懂得让别人开口说话，不失时机地发问、引导其他同学发表自己的见解，产生有价值的问题或经验。当然对有些环节知识的解读要有自己对问题是非的辨别和深入引导，点拨总结到位，讲得清清楚楚。

4. 在主持的过程中要有机智的应变能力，学会故设陷阱或将自己的漏洞说成预设，以增强同学们在听讲中的辨别力，还要学会一些让他人积极发表见解的表达技巧。如“某某的眼神告诉我他一定有一些独特的感悟，某同学可以和大家一起分享一下吗?”；“大家看某同学，是不是一种欲言又止的姿态呀？现在就缺一点鼓励了。来！掌声响起，有请某同学!”；“某小组现在暂时落后，哪位同学能够为本小组力挽狂澜，发表你们独特的见解”。

5. 主持人在站姿、手眼配合、课件及多媒体使用、合理把机会平均给各小组、合理评价积分、板书等方面进行具体培训。如评价语应客观地指出发言同学的长处及存在的缺点，语言要简洁明了。

（三）评价激励

精彩的主持往往需要上下互动良好的配合，因此评价激励不只对主持人，也要面向全体同学，建立好的评价体系。

1. 避免评价误区。在传统的教学评价中，批评和指责往往要多于表扬。教师习惯于对全体学生拟定一个统一的评价标准，对达不到标准或偏离标准的言行举止常常轻易地提出批评，总是看不到短期内某一学生的闪光点，不允许存在一点错误。在当前形势下，尤其在展示课上，很多教师不敢负面评价学生。一律用“好”“不错”进行评价，明明回答问题时学生答得并不怎么样，却偏偏要夸上一句“说得不错!”，“啪、啪、啪啪啪”掌声一片。而如此只顾说“好”，并不能起到激励的作用。因为这样的表扬太“廉价”了，学生不需什么努力便能获得，以致学生对没有受到表扬时会心理不平衡。在主持人的主持过程中，教师该出手时要出手，要把握好的教育契机，加强激励评价的针对性和时效性，主持结束要对主持人的评价做总结性评述，在提倡赏识、鼓励的同时，不应该放弃批评，因此可以先肯定优点，再指出不足。

2. 注意评价的观察点。要体现促进学生发展这一基本评价理念，这一理念要注意学生发展性目标的形成，重视以学论教，强调以学生在课堂中呈现的状态为参照来评价。主持课堂效果如何关键看这些状态的呈现，如情绪状态：学生是否对学习具有好奇心与求知欲；是否能自我调节和控制学习情绪；学习过程是否愉悦。注意状态：学生的目光是否始终追随发言者（教师和学生）；学生的倾听和回答参与是否全神贯注。参与状态：学生是否全员参与活动并积极思考；是否主动地分工合作讨论并踊跃发言，是否自觉虚心听取他人的意见，进行当堂练习的训练。生成状态：学生是否完成了学习目标，学生是否善于用自己的语言阐述观点；学生是否提出有价值的问题。所以在评价的激励导向上，对主持人也好，对全体学生也好，关键看学生从不懂到懂，模糊到清晰，错误到正确，不同方法、不同观点的质疑、争论、统一的过程中在以上这些状态上能否配合默契、高效。教师一定要注意点评，这样学生才会不断改进，获得进步。

3. 精神评价与物质奖励适当结合。人人都想得到别人的赏识，人人都需要他人的鼓励。因此，教师充满激励的评价语言能让学生不断获得前进的动力，在自信中走向成功。当然我们经常采用精神评价奖励，我认为适当的物质奖励与单纯的精神评价结合可能效果会更好，如对于优秀主持、优秀小组长等可以合影签名留念或邀请到老师家去包饺子等，学生们可能更兴奋，家长们也感到非常骄傲。这样在表扬激励的同时，还可以用其可接受的方式让学生在发现自身不足的同时，感受到浓浓的师爱。对于合作教学的过程，一个最大的特点就是让不同类别的学生都有收获。学生在帮助别人时不仅收获到积极的体验，产生合作的激情，而且在助人与被助的过程中，实现了自己与自己、自己与他人心灵的沟通，智慧的碰撞，人际关系的和谐，因而其精神的评价要远远大于物质评价的作用。

第五节　两清策略的实施

为了确保自主学习、合作达标能扎实有效地落在实处，学校制定了配套的“两清”制度。所谓“两清”从课时结构上指的是“堂堂清、单元清”，即当堂达标和单元达标；为了从时间上保障“两清”的落实，配套措施则分别采用了“天天清、双周清”为“达标”的刚性执行来服务。

从意义上讲"两清"是学生课堂学习的有效延伸和必要补充，是及时了解学情和适时开展培优补差的主要途径，符合"因材施教"的教学原则和素质教育的准则。从学生的记忆规律上讲也符合了"艾宾浩斯遗忘规律曲线"，即在开始遗忘较快阶段适时巩固反馈，最大程度地避免或减少遗忘的量。其实我们双语的"两清"，还有更深的含义，即不仅要帮助学生及时完成学习任务，更重要的是让学生养成一种良好的学习习惯，牢固树立"双语无差生，人人能成才"的理念，同时也是教师敬业精神的最好体现，"不抛弃、不放弃每一名学生"。

"两清"的对象是学生，尤其是部分不能及时达标的待优生更是"两清"的重点；"两清"的主持人是各学科的任课教师；"两清"的组织单位是以"合作小组"为基础的多个检查组。"两清"工作重在落实，清什么，怎么清，清不了时如何去弥补，关键在于坚持，其核心是建立分包责任制，落实责任，常抓不懈。

一、"堂堂清"及"单元清"的时间安排

"堂堂清"从时间上应以白天的课堂为主，个别特殊情况可推至本学科晚上的辅导时间，通过课堂达标检测不过关的学生当天必须自己找时间让负责检查的组长、课代表或任课教师检查过关。"堂堂清"要求当天各科学习内容务必当天完成达标，即做到天天清，若有极个别特殊情况可以延期至第二天补齐。

"单元清"从时间上应以一个单元为主，根据各科学习进度，一般两周至少可以进行一次单元检测，单元检测不过关的学生当周必须自己找时间巩固或寻求组长、课代表等其他同学互助弥补知识漏洞，准备进行二次过关；若二次过关仍不达标，老师和其帮扶的负责组长则要对其进行针对性的过关试卷的具体分析和帮扶，然后在他人离校大休时进行最后一次过关测试；一般情况下极少有不过关者，若真有不过关的则老师们不能放弃每一名学生，逐一辅导直至过关，有时则需要取消休息第二天继续辅导学生（包含线上辅导）。

二、"堂堂清"及"单元清"的达标内容

"堂堂清"从内容上是每堂课课本的基础知识，主要是需要记忆的基本知识和简单技巧的问题策略，至于其他较为复杂能力的检测达标，则需要学生自己在不断提升能力的情况下逐步加大考查力度。

"单元清"从内容上应以一个单元的知识为主，主要通过试卷检测本单元所学内容的掌握程度。例如语文可以考察本单元文学常识（题目、作者和文章出处），重点字、

词、句和段的理解，重点篇目的背诵、翻译，课文内容的理解等；数学可以考察本单元所学概念、定理等基本应用；英语可以考察本单元所学的单词，要求朗读、背诵、默写正确，句型的变换、翻译及口语的表达等。

三、“堂堂清”及“单元清”的达标标准

无论是“堂堂清”还是“单元清”，其对象虽然是全体学生，但他们的达标标准是不同的，即使是同一份单元达标试卷，其要求也不尽相同。对于合作学习小组中不同学生任课教师对他们有着不同层次的达标要求，基础较差的学生“堂堂清”的是最基本的知识和课本例题，考察的主要是记忆和简单应用，而对于基础较好的学生的要求可能会拔高一点，包括完成一定难度和灵活性的选做题目。在“单元清”的达标试卷中，有时可能采用一测两卷的方法，不同层次学生做不同达标试卷；也可以同一份试卷两用，从题量多少分必做和选做进行不同达标测试；还可以一份试卷采用不同评分标准，按不同学生考察知识的侧重点的不同分类赋分；即使题目要求与分数评价完全一致时，也可以按合作小组中学生的分类代号（如 1－4 号），提出不同的达标分数，这样基础好的学生中也会有不达标的，基础差的学生中也会有达标的，使不同的学生在学习上都得到了发展，对学生保持学习兴趣的持续性起到了一定的作用，同时提升了学生学习成功的幸福感。

四、“堂堂清”及“单元清”的组织机构

“两清”的第一责任人是各学科的任课教师，他们要在规定的时间内，给学生明确“堂堂清”和“单元清”的内容，达标检测后要及时公布达标标准和需要清的人员名单以及清的时间期限，而且要关注“两清”的进展状况，对没能如期完成目标任务的学生要督促其完成。

班主任则作为“两清”的坚强后盾，协助任课教师对学生进行思想教育，督促学生及早完成各科任务，必要时争取家长支持与任课教师共同采取积极措施，做好“单元清”的后勤工作，确保清的力度和有效性。

各班均以班级为单位建立行政和学习统一的四人小组，形成了“组长—课代表—任课教师”和“课代表—学习委员—班主任”的两个三级负责的组织机构，真正实行了“一帮一”或“一带二”包干责任制。具体安排就是组内 1 号带 2、3 号，2、3 号帮 4 号（也可以 1 号帮 3 号，2 号帮 4 号），形成组内帮扶责任制；几个课代表负责帮扶小组长；任课教师负责帮扶课代表；遵循原则就是下级能独立完成的不帮扶只考查，

在完成有困难时才进行帮扶，不是无原则的全帮。另一个三级体系主要是进行小组的反馈和评价（含小组评价量表的整理维护）。

五、"堂堂清"及"单元清"的检查监控

建立了上述两个三级负责的"两清"组织机构，关键是要落实好检查和监控，使各项任务都能落到实处，形成责任明确到人，任务分解到人，信息反馈到人的运转体系。

在"堂堂清"和"单元清"的实施中，第一步先是学生自查。任课教师把清的内容和要求，明确给每个学生，学生按教师要求对照课本先进行复习自查，对不能理解掌握的及时求助。第二步是互查，先组内帮扶对象间互查再班内组间互查。互查时，根据"清"的内容认真对照检查，如有不熟练的、出错的地方就随时打上问号，做上标记，记录没过关的学生姓名及内容，然后督促再次"清"，直到达标过关为止。教室学生座位也为了合作学习及"两清"检查方便，摆成以小组为单位的整体排位格式，而且可以采用学生对面就座的适合合作和检查等形式。第三步是课代表复查和教师抽查。课代表复查的重点是小组1、2号，教师抽查的重点是小组的3、4号，要求的标准是人人达标过关，对于弄虚作假的及时从重处罚，并适时做好评价加分的记录，周末反馈到另一个三级监控体系（也可以直接利用学校的家校联系信息平台，如电话、短信、微信、QQ等与家长进行联系反馈，以便争得家长支持，延续在家庭中的"清"）。

由于检查监控措施到位，很多基础好的学生为能较早完成学习任务，经常利用闲暇时间超前学习，带动和激发学生学习的热情。学生的合作学习小组也在个别学生"清"不了的时候发挥了作用，产生了应有的效果，"兵教兵"培养了学生互助的精神，解决了教师单独辅导在时间及精力上不足的问题，促使学生学会探索、学会学习、学会合作的途径和方法。

六、"堂堂清"及"单元清"的评价

"堂堂清"和"单元清"的评价仅是小组评价体系中的一部分，后面章节将具体表述，在此不再赘述，总原则就是级部利用月分析会评价班级，班级利用每周班会评价小组，对于"两清"工作做得比较好的小组、班级、学科，级部适时召开经验交流推介会或观摩会，推广先进经验，促进"两清"工作的创新发展。

第六节　教师备课方面的研究

一、导学提纲的编写

导学提纲即是学生用的学案（也可称为导学案），是整堂课的脉络，也是学生学习的“路线图”，需要提前几天完成以便尽早发给学生进行超前学习。导学提纲可以引导学生如何去解读教材，锻炼学生的自学能力。导学提纲的编写格式在信息区中有时间、编号、编制人、审核人、审批人等内容。评价区有班级、姓名、小组、组内评价、教师评价等信息。

导学提纲应简明扼要，切忌烦琐复杂，这也是教师备课的重点。

（一）导学提纲的编写程序为

编写→网研→修改→审批→使用→修改→存档

1．编写→上传

首先由主编教师按照教学内容提前两周编写，根据编写原则及要求对教材进行认真细致的研备，形成初稿。

2．网研⇆修改

主编教师将所编写的导学提纲提前一周上传至教研组工作群，教研组成员及时研读主编教师的导学提纲设计，然后将自己的不同观点和修改建议在规定的时间内（3天内）回复给主编教师，主编教师根据网上交流的意见进行修改后再次上传，最后教研组内研讨达成共识，由教研组长通过后上报级部负责人。

3．审批→使用

级部学科教研组长于每周五把下周的导学提纲上交给级部负责人，级部领导认为导学提纲设计符合要求，即批准统一印刷供学生使用。否则，教研组要重新设计，直到通过为止。

4．修改→存档

教师个人在实施课堂教学的过程中，根据学情可以进行随机调节导学提纲，课后进行标注、编辑（使用不同的颜色字体），最后保存到学科教学资源库，以便下一学年资源共享。

（二）导学提纲的组成结构

导学提纲一般由学习目标、自主学习、合作探究、巩固练习和当堂达标五部分组成。

1. 学习目标

学习目标的制定要依据新课程标准、单元教学目标和具体的学情，要体现目标的三个维度。目标拟定的方法多样，要根据学习内容灵活选择，既可以由教师拟定，也可以师生共同拟定，还可以由学生拟定。

2. 自主学习

自主学习是学生依照导学提纲 独立完成的环节。自学内容的设计要突出双基，重点解决知识性、基础性的问题，加强基本技能的培养。

3. 合作探究

合作探究的内容包含基础部分的合作和拓展部分的合作探究两个部分。基础部分的合作主要以订正或者检查的形式来完成，拓展部分的合作探究是教师根据学生的问题卡并结合学习目标来设计问题，此问题往往综合性强，有一定的难度。设计时要通过深层次的挖掘和追问，突出重点，深化知识点。不仅要导出“是什么?”还要引导“为什么?”“还可能怎样?”，通过导学提纲中的问题，让学生在学中问，问中学。合作探究的问题不宜过多，2~3 个为宜。这个环节是灵活机动的，教师应根据教学内容的深浅、学生学习能力的高低来取舍，数学学科往往在这个环节设置变式训练、一题多解等，变式的题目可以超链接到课件上，根据课堂进度随机决定取舍。

4. 巩固训练

课堂巩固训练的试题，一定要先易后难，有梯度，有层次，有代表性，一般分为基础练习和拓展提高部分，以必做和选做的形式出现。

5. 当堂达标

当堂达标测试题要全面反映课时学习目标，知识点要全面，测试的难度要与学习目标的要求相一致，注意易错题目的设置，另外还要有一定的层次性，分为必做和选做部分（本部分由于课堂时间限制，以简单扼要为测试要点，覆盖面多的可以安排到自习课进行）。

示 例

__六__年级　时间__2011，10，12__　编号__6__

编制人________　审核人________　审批人________

《2.9 有理数的乘方（1）》导学提纲

班级________　姓名________　小组______　小组评价______　教师评价______

一、学习目标

1. 记住：有理数乘方、幂、底数、指数的概念及其表示，掌握有理数乘方运算；

2. 类比：根据乘法与除法的运算法则总结出幂的运算法则。

3. 极度热情，全力以赴，合作探究，参与到数学学习过程中去。

二、学习过程

（一）自主学习

1. 快速阅读课本第 52 ~ 53 页，然后再完成好下面的问题。

____________叫乘方，__________叫作幂，在式子 a^n 中，a 叫作________，n 叫作________。式子 a^n 表示的意义是____________________，可以读作____________________或读作__________________。

学以致用：

（1）$(-3)\times(-3)\times(-3)\times(-3)\times(-3)$ 可以记作________。

（2）在 $(-3)^2$ 中，底数是________，指数是________。

（3）在 -3^2 中，底数是________，指数是________。

议一议：在上题中 $(-3)^2$ 与 -3^3 二者有什么不同？结果相同吗？你会读吗？

通过超前学习你能归纳总结出书写乘方时应注意的问题吗？

2. 自学例 1、例 2，盖住答案，直接做到书上，然后对照答案。

（二）合作探究（小组讨论）：（要求：组长一定要明确分工，做好记录，准备展示）

1. 观察例 1、例 2 的结果，你能发现乘方运算的符号有什么规律？（由正数和负数的不同次幂考虑）你能举例吗？结果怎样运算？

2. 观察例 2 的结果，你又能发现什么规律？（由底数，指数及结果考虑）你能举例吗？

3. (-1) 的偶数次幂为________　(-1) 的奇数次幂为________

1 的任何次幂为________　0 的正整数次幂为________

我的疑惑____（请将学习中未能解决的问题、有疑惑的问题、发现的新问题写下来，准备与小组同学或老师交流解决）。

（三）训练巩固

1. 基础训练

（1）将下列各式写成乘方的形式

① $5\times5\times5\times5\times5=$______。

② $(\frac{1}{5})\times(\frac{1}{5})\times(\frac{1}{5})\times(\frac{1}{5})=$______。

③ $(-1.3)(-1.3)(-1.3)(-1.3)(-1.3)=$______。

④ $m\cdot m\cdot m\cdot\cdots\cdots\cdot m$（$2a$ 个）$=$______。

2. 变式训练

$(-1)^{2n}=$________　　$(-1)^{2n+1}=$________

（四）总结梳理

我的收获：____

达 标 测 试

班级________　姓名________　小组______　小组评价______　教师评价______

一、必做

1. 在 $(-6)^3$ 中，底数是______，指数是______。

2. 在 $(-\frac{6}{5})^4$ 中，底数是______，指数是______。

3. 计算

（1）7^2　　（2）$(-6)^3$　　（3）$(-\frac{3}{4})^3$

4. 一个数的平方为16，这个数可能是几？

二、选做（小组探究）

已知 $(-3)^2\neq-3^2$ 问：$(-3)^3$ 与 -3^3 是否相等？

对于任意数 a $(-a)^3$ 与 $-a^3$ 是否相等？$(-a)^5$ 与 $-a^5$ 是否相等？

$(-a)^{2n+1}$ 与 $-a^{2n+1}$ 是否相等？

示 例

班级__________ 姓名__________ 小组__________

编制人__________ 审核人__________ 审批人__________

第一节 海洋化学资源

一、学习目标

1. 知道海洋是人类的天然聚宝盆，蕴藏着丰富的资源。

2. 了解海水及海底中蕴藏的主要物质。

3. 通过海水淡化的实验探究，知道蒸馏法是淡化海水的主要方法。

4. 认识海洋资源的开发对人类进步所起的重要作用；认识合理开发，保护环境的重要性，培养关注社会和人类生存环境的社会责任感。

二、学习过程

（一）海水中的物质

自主学习：阅读课本第 30 页的有关内容，回答下列问题。

1. 海水中溶有哪些物质？写出他们的化学式。从物质分类上来看，这些物质都属于哪一类物质？

2. 海水含量最多的物质是______，含量最多的盐是__________。海水中含量最多的四种元素是__________。

3. 怎么从海水中提取金属镁，流程是什么？过程中都发生哪些反应？标出反应类型。

交流共享：将你得到信息在小组内讨论交流。

思考并交流：

1. 从海水中提取 $MgCl_2$ 时，经历了 $MgCl_2 \rightarrow Mg(OH)_2 \rightarrow MgCl_2$ 的转化过程，请分析这样做的目的是什么？

2. 电解的是熔融状态的氯化镁，为什么不直接电解氯化镁溶液？

（二）海底矿物

自学梳理：阅读课本第 31～33 页有关内容完成下列问题。

1. 海洋中有哪些资源？

2. 海底有那些矿物？含量如何？

3. “可燃冰”如何形成的？从热值和环境问题考虑作为新型能源它有哪些优点？为什么没有被开采利用？请写出甲烷（CH_4）燃烧的化学方程式。

4. 保护海洋资源的措施有哪些？

三、海水淡化

自主学习：学习课本第 34～35 页有关内容回答下列问题。然后，将得到的结论交流共享。

1. 淡化海水的方法有哪些？目前最常用的方法是什么？

2. 实验探究：蒸馏法淡化海水

（1）如何检查装置气密性？

（2）如何检验得到的水是淡水？

（3）为了使水蒸气的冷凝效果更好，你认为应对实验做哪些改进？

课 堂 达 标

1. 2011 年 3 月 11 号，日本发生了 9. 0 级大地震，引起海啸，导致核电站发生泄漏事件，使海洋遭到污染，下列说法正确的是（　　）

A. 将核电站污水过滤后排入海洋

B. 向核电站污水中加入明矾，沉降后排入海洋

C. 将核电站污水排入海洋底部

D. 禁止将核电站污水排入海洋

2. 海水是一种重要的自然资源。以下是我市对海水资源的部分利用。

(1) 从海水中获取淡水，常用的方法是＿＿＿＿＿＿＿＿＿＿。

(2) 从海水中得到金属镁。下图是从海水中提取镁的简单流程。

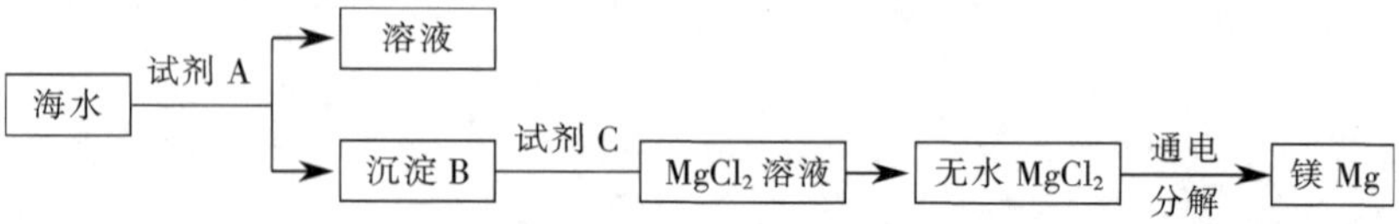

上述过程中，沉淀 B 与试剂 C 发生中和反应，则沉淀 B 的化学式为＿＿＿；由无水 $MgCl_2$ 制取 Mg 的化学方程式为＿＿＿＿＿＿＿＿＿＿。海水本身就是含有 $MgCl_2$ 的溶液，它与通过步骤①、②得到的 $MgCl_2$ 溶液有何不同：＿＿＿＿＿＿＿＿＿＿。

3. 为了区分海水和淡水，可以加入下列试剂中的（　　）

A. 紫色石蕊试液　　B. 硝酸银溶液　　C. 氢氧化钠溶液　　D. 酚酞溶液

课后反思：

知识存在疑难点	解决方法
练习中存在的疑难点	解决方法

二、教学案的设计

为了将课堂教学与导学提纲密切结合起来，我们改变了以往教案与导学提纲单独编写的备课方法，将导学提纲和教案合并，整合为教学案。我们称之为学案基础上的批注式备课。教学案信息区，包括年级、学科、备课人、评价等级。教学案的基本栏目，包括课题名称、课时安排、授课班级和时间、教学重难点、课前安排、学案、教案、教后感悟等。我们制定了教师教案设计的要求，与导学提纲内容相对应来设计，主要从以下几个方面设计：

（1）课堂导语的设计，包括导入语、过渡语、指导语等。

（2）相关知识链接及课件中超链接的使用说明和提示。

（3）课堂预设及应对策略，教师应根据相应的学习内容及学情差异，充分预想课堂中可能出现的每一个问题，将预设的问题呈现在教案上。

（4）学生小组活动安排，包括独立完成、合作讨论、组间挑战、课堂展示等。

（5）教师的教后感悟，包括成功与不足等。

本环节仅是学生用导学提纲和教师用课件之间的衔接与补充，在此仅做一简单说明。

示 例

教 学 案

八年级数学　编号 22 　备课人 徐丽萍 　评价等级＿＿＿＿＿

<table>
<tr><td rowspan="2">课题名称</td><td rowspan="2">5. 1 确定位置</td><td rowspan="2">课时安排</td><td>共 2 课时</td><td>授课班级</td><td></td></tr>
<tr><td>第 1 课时</td><td>授课时间</td><td></td></tr>
<tr><td>教学重点</td><td colspan="5">运用不同的方式确定物体的位置</td></tr>
<tr><td>教学难点</td><td colspan="5">多种方式、方法确定物体的位置</td></tr>
<tr><td>课前准备</td><td colspan="5">晚自习下发导学提纲，学生根据导学提纲进行超前学习，并填写自主学习问题卡，老师收集问题并整理，每组选一份导学提纲第二天早上交给老师，老师授课前批阅</td></tr>
</table>

学　案	教　案
超前学习安排： 1. 自主阅读课本第 78 ~ 81 页，红笔标注疑难点、重点。 2. 根据导学提纲的自主学习的要求，完成自主学习与合作探究部分，梳理知识、规律、方法，记录自己不能解决或发现的有价值问题。然后小组内解决个性问题，解决不了的共性问题和有价值的问题由组长记录在问题卡上。 **课堂教学：** 一、学习目标 1. 在现实情景中感受确定物体位置的多种方式、方法； 2. 能比较灵活地运用不同的方式确定物体的位置； 3. 极度热情，全力以赴，感受数学来源于生活，应用于生活的思想。	**一、复习导入：** 创境导入：我们生活中往往需要确定位置，例如：确定学校、家庭的位置，在地图上确定城市的位置，在棋盘上确定棋子的位置……今天我们就来研究这个问题。 **二、目标认定方法：** 学生齐读目标，要读出气势，然后找 2 个同学谈自己理解的目标是什么？然后教师补充并点拨重点。 1. 有序数对定位 学生问题：应该怎样书写？括号和逗号必须有吗？ 2. 方位角和距离定位 学生问题： ① 方位角和象限角有什么不同？ ② 北偏东 40°可不可以说东偏北 50°？ ③ 东北方向是什么意思？

续表

<table>
<tr><th>学　案</th><th>教　案</th></tr>
<tr><td>

二、学习过程

（一）自主学习：认真阅读课本第 78 ~ 81 页，回答课本中提出的问题，并完成以下问题：

1. 要确定电影院中的一个座位，需要知道几个数据？分别为________________________。

2. 例 1，要确定每艘敌舰的位置，需要几个数据？分别为____________________。

3. 议一议要确定省政府所在区域，需要几个数据？分别为____________________。

4. 随堂练习中要确定唐山地震震中的位置，需要几个数据？分别为____________________。

（二）合作探究

【探究 1】在数轴上确定一个点的位置需要几个数据？例如：____________________

【探究 2】在平面内确定一个点的位置需要几个数据？例如：____________________

【探究 3】你们家住在____单元____楼____号，所以在空间内表示一个点需要____个数据。

我的疑惑______________________________。

（三）训练巩固

1. 基础练习：

（1）说出你们小组内每一位同学在班级中的位置：

1 号_____　2 号_____　3 号_____　4 号_____

（2）下面是某市学校周边环境示意图，对于学校来说：

① 正东方向上有哪些设施？要确定这些设施相对于学校的位置，还需要哪些数据？

② 离学校最近的设施是什么？在学校的哪个方向上？这一方向上还有其他设施吗？怎么区分？

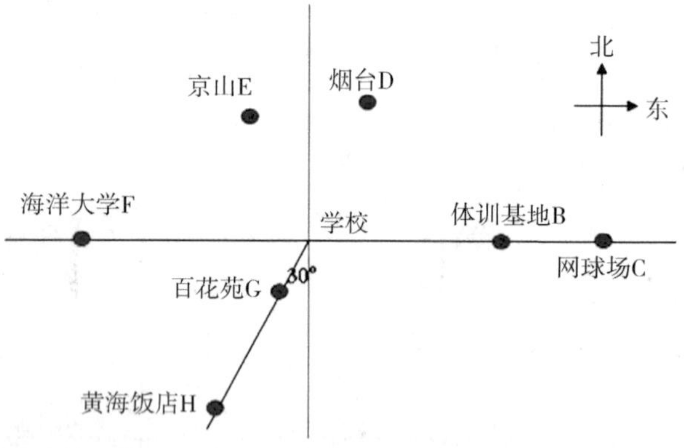

③ 要确定京山相对于学校的位置，需要哪些数据？

</td><td>

3. 区域定位

学生问题：C3 和 3C 一样吗？有没有顺序限制？

4. 经纬线定位

此处将知识系统出现，可是学生并不理解。

用数轴给学生解释一个数据表示一个点。

三、学习过程

（一）自主学习

要求超链接是展示自主学习的要求，让学生根据要求进行学习。

在学生交流讨论其间，老师关注每个学生、每个小组的状态、积极程度，及时鼓励表扬，并深入各小组之间进行指导，根据情况确定展示小组及展示内容。

（二）小组展示

展示内容：自主学习部分。

在学生展示期间，老师要注意非展示学生的状态，及时调动，对展示、点评质疑的学生要及时评价，并随时注意生成性的目标的达成，及时点拨解疑。

1. 预设问题：

方位角和象限角的区别。

2. 总结位置标示的四种类型。

① 序数对定位；

② 位角和距离定位；

③ 区域定位；

④ 纬线定位。

3. 达成共识：

在学生展示和总结的基础上，师生共同总结出四种类型题目的标示方法。

4. 超链接设计：

四种位置题型分别超链接：四幅图形并列出现，容易找出规律，而讲解时必须与图形结合。

</td></tr>
</table>

续表

学　案	教　案

学　案

(3) 下表是某超市的平面示意图（部分）：

① 若用 C3 表示"体育用品"位置，你能表示出"儿童服装""熟食""家电"所在位置吗？

② 某日妈妈带你去购物，欲买蔬菜、化妆品、小食品，你能用位置记作方法设计一个购物路线吗？试试看。

	A	B	C	D
1	收银台	收银台	收银台	收银台
2	酒水	小食品	小食品	熟食
3	儿童服装	化妆品	体育用品	鲜蔬
4	入口	服装	家电	日用杂品

2. 拓展练习

下面是一张象棋棋盘，可以看成是有 8×9 个方格组成的，如果"马"的初始位置是（2，5），

(1) 那么"象"，应该怎样表示？

(2) 马走"日"字，那么红马下一步可以到达的位置有几种？你能用有序实数对表示吗？

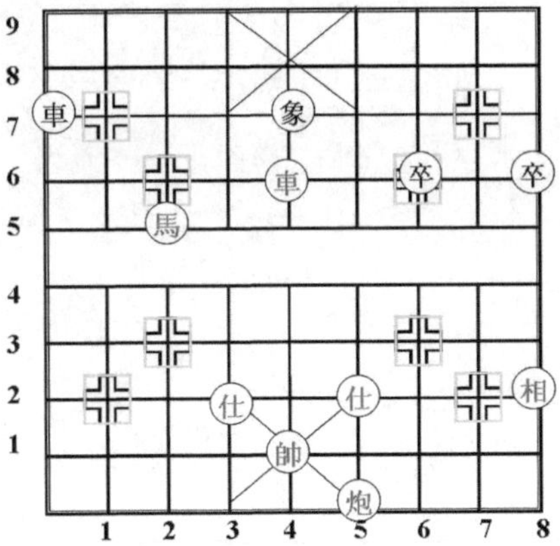

如图：方格有 25 个汉字，用 C3 表示"____"的位置，那么请按下列要求组成一句什么话？

5	我	明	我	万	堂
4	中	辛	课	因	学
3	的	堂	天	精	话
2	课	里	主	生	大
1	而	我	打	习	彩
	A	B	C	D	E

教　案

拓展练习 2 超链接：因为题目趣味性高，课堂临时出现容易激发学生学习兴致，同时点题。

（三）合作探究

小组展示，展示的是思路和方法。其他小组补充质疑、评价。

（四）巩固练习

先自主完成，再小组交流。梳理小组问题，准备展示。小组提出疑惑，其他小组帮助解决。

（五）总结梳理

采用方法

超链接回扣目标目的是让学生对照本节课的目标回顾所学知识，整体上把握，形成知识框架，梳理数学思想和方法，养成归纳总结的好习惯（注：在学生谈完收获后，教师最好将本节课的知识及数学思想、方法、规律、易错、易混点等超链接在教学目标上）。

（六）课堂学习评价

课堂观察员总结本节课小组和个人的表现，表扬先进，鼓励全体学生积极参与。

四、达标检测

5 分钟时间，独立完成。以小组为单位收齐，教师批阅。

续表

学案	教案
1. A5，A3，C4，E5，B1，C2，B4 我 的 课 堂 我 主 宰 2. A2，B3，D4，C5，A1，D3，E1 课 堂 因 我 而 精 彩 **《5.1 确定位置》达标测试** 班级________ 姓名________ 小组________ 小组评价________ 教师评价________ 一、必做 （1）下列数据不能确定物体位置的是（　　） A. 3 单元 3 楼 5 号　　B. 北偏西 40° C. 解放路 30 号　　D. 东京 120°，北纬 30 （2）小明坐在第 5 列第 6 行，应记为（5，6），小刚坐在第 7 列第 4 行，应记为（　　） A.（7，4）　B.（4，7）　C.（7，5）　D.（7，6） （3）地图上北京在北纬 42°，东经 118°，记作（42，118），那么上海在北纬 31°，东经 121°，记作（　　） 二、选做 1. 如图：以灯塔 A 为观测点，小岛 B 在灯塔 A 的北偏东 30°，距离灯塔 100 km 处，那么如果以 B 为观测点，灯塔 A 在小岛 B 的________方向，距离小岛 B ________处。 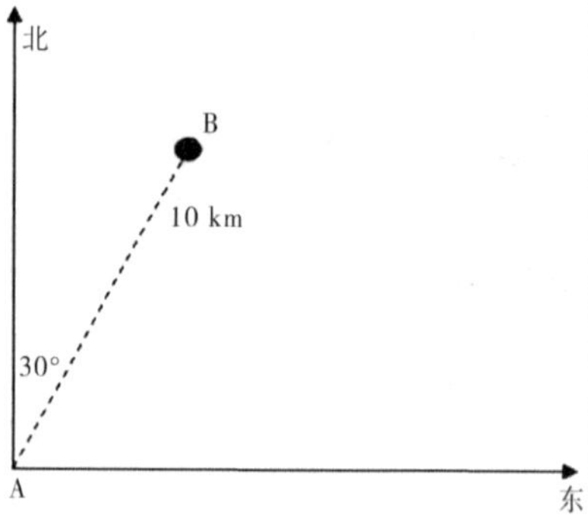 	
教后感悟	成功之处： 1. 灵活运用课件中的超链接，适当进行题目的变式，加深对知识的理解和巩固，效果不错。 2. 超前自学，学生对知识心中有数，易调动学生的表现欲和积极性。 3. 学生在自主学习时能够深入研究，提出很多有价值的问题。 4. 巩固练习与例题紧密联系，利于学生巩固。 不足之处： 因为学生问题很多，导致课堂展示用了不少时间，最后课堂检测时间不足。 应该给学生板书四种类型题目表示方法的具体写法。 措施： 1. 充分运用问题卡，学生会的不再重复，教师适当点拨即可。 2. 展示一定要对学生进行课前训练，使展示紧凑，节约课堂时间，适当增加训练时间。 3. 规范板书。

附图如下：

1 猜一猜

如图：方格有25个汉字，用C3表示"天"的位置，那么请按下列要求组成一句什么话？

5	我	明	我	万	堂
4	中	宰	课	因	学
3	的	堂	天	精	话
2	课	里	主	生	大
1	而	我	打	习	彩
	A	B	C	D	E

1. A5，A3，C4，E5，B1，C2，B4。

我 的 课 堂 我 主 宰

2. A2，B3，D4，C5，A1，D3，E1。

课 堂 因 我 而 精 彩

做一做

第八排	8	6	4	2	1	3	5	7
第七排	8	6	4	2	1	3	5	7
第六排	8	6	4	2	1	3	5	7
第五排	8	6	4	2	1	☺	☺	7
第四排	8	☺	4	2	1	3	5	7
第三排	8	6	4	2	1	3	5	7
第二排	8	☺	4	2	1	3	5	7
第一排	8	6	4	2	1	3	5	7

（2）在电影票上"6排3号"与"3排6号"中的6含义有什么不同吗？

（3）如果将"8排3号"简记作（8，3）那么"3排8号"应记作<u>（3，8）</u>.（5，6）和（6，5）各表示的含义是什么？

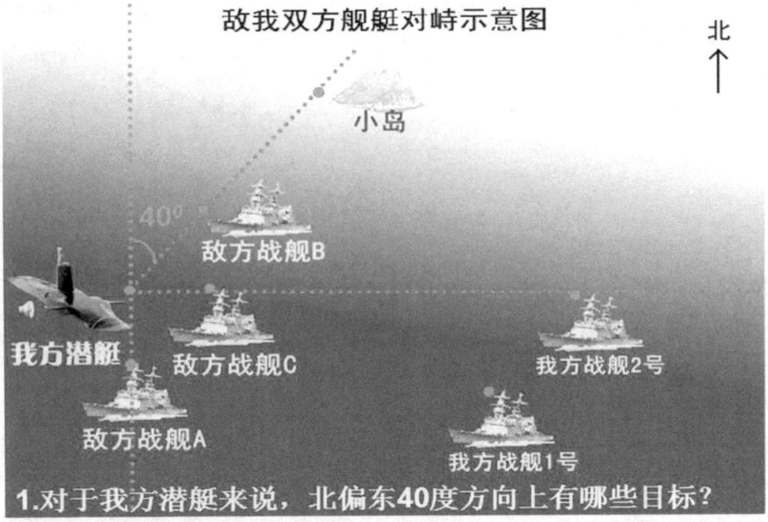

三、课件的制作应用

课件的制作多数采用了PPT格式的幻灯片，一是为了在课堂上可以根据自己的不同思路进行修改，课件使用更有个性化，二是PPT文件兼容性强且容量小，网上资源丰富，便于广泛使用和存档保存，而且建立学校资源库时占用空间小、上传比较方便。另外为了避免教学跟着预设跑，避免教师使用低效的、垄断整个课堂的现成课件，在课件放映中缺少交互性，我们要求将导学提纲制作到PPT中的一页或几页，将预设资料、变式练习、点拨提升、拓展训练等内容均采用“超链接”的方式与导学提纲进行链接。这样课堂上根据学情的需要有选择地使用超链接，灵活地安排学习的进度和教学方法的采用，使课件更方便实用。学生课堂已经学会了的就不再浪费时间去放映，存在问题的可以打开超链接部分进行问题的再次探究，这样真正体现了因学施教、因需选材，避免了课堂跟着课件跑的弊端。超链接的应用，如几何中变式训练及一题多解、一题多变等可能会更多，能更好地对学生进行思维训练。

我们以导学提纲为载体，教学案为指导，课件超链接为媒介，三者紧密联系，相互依存，形成我校电子课备课的特色。

第四章 学生“自主管理”学习模式的激励评价与反思

第一节 学生激励评价制度的建立

小组是合作达标教学的基本单位，小组合作评价则是合作达标教学的关键，小组文化的建设、合作技能的提高、向心力的凝聚和竞争意识的培养，无不依靠小组评价制度。在小组合作评价的探索实践中，我们逐渐建立起了由自我评价、组长评价、课堂观察员评价和学科老师评价四位一体的小组合作评价制度。

一、自我评价

学生是学习的主体，也是评价的主体。自我评价，能充分发挥学生的主观能动性和合作达标的原动力，有效地促进小组内每个成员的发展。我们要求学生在每日反思时，根据评价指标对学生自己在小组活动中的表现进行评价，正确把握自己的学习状况和本小组在班级中合作达标学习过程的地位，不断发现自己的差距或进步，从而不断增强为小组增光的信心和勇气。个人评价表每日一张，小组长每天汇总小组各项情况，班主任汇总各组评价结果，并根据各小组自我评价的态度和结果对每个小组进行赋分，按照20%的权重记入小组合作学习评价成绩。

二、组内互评

组内互评是指在小组长领导之下的组内互评，组长是小组合作学习的领导者、组织者，小组长不仅在合作分工、学习帮扶、小组建设等方面起着举足轻重的作用，而且必须具备带领小组成员进行相互评价的能力。学校定期对小组长进行培训，班主任定期对小组长的工作进行指导，逐步提高小组长的组织领导能力与评价能力。互评的内容主要包括超前学习、主持主讲、合作交流和当堂达标情况，每周利用班会时间进行相互评价，评价结果按照30%的权重记入小组合作学习评价成绩。

三、课堂观察员评价

课堂观察员是课堂上记录各组合作状况、调控班级合作氛围、汇总班级合作达标结果的学生代表，可以由一人也可以由多人担任。课堂观察员既是课堂合作学习过程的参与者，又是学习结果的评价者。在各组活动不均衡的时候，课堂观察员还可以适时提醒，激励后进小组迎头赶上，保证各组齐头并进的参与课堂。课堂观察员主要是对课堂的学习过程进行评价，包括对各组的学习热情、发言次数与质量、课堂质疑与挑战等，从定性或定量角度，在每节课结束时当场公布，按照30%权重记入各组评价成绩。

四、学科老师评价

学科教师是课堂教学的组织者、参与者，不但能够指导各组的合作学习，而且会对各组的学习过程和学习结果不断做出客观公正的评价。学科教师的评价包括对各组超前学习、小组合作、课堂展示、共同达标以及作业等方面进行评价。其中超前学习、小组合作讨论、课堂展示和当堂达标是最关键的四项。教师要对每节课各小组的情况记录打分，每月对各组进行累计量化赋分，结果按照20%权重记入小组成绩。

学校要求坚持进行自我评价、相互评价、课堂观察员评价和学科教师评价，并且始终将小组作为评价的基本单位。根据评价结果，堂堂评选学科优胜小组、周周评选班级先进小组、月月表彰级部明星小组、学期评选学校示范小组，评选标准明确，评选过程公开，评选结果记入学生综合素养评价，这样大大调动了学生的竞争意识和集体合作意识，为顺利实施合作达标教学注入了活力。

为了使师生能够及时了解到各组的进步情况，我们在班级中开辟了专栏，建立了“我的课堂我做主——争创明星小组”合作达标学习条形图。将各组的课堂学习过程、学习共同达标和日常行为规范情况分类量化，每周将结果用彩笔绘制到条形图中，每月一累计，然后更新一张条形统计图纸。

下面以“学生主讲”评价量化表的实施为例进行说明。

示例

“学生主讲”评价量化表

学校名称＿＿＿＿＿ 评价人班级＿＿＿＿ 姓名＿＿＿＿＿ 评价时间＿＿＿＿＿

<table>
<tr><td>主讲人姓名</td><td></td><td>性别</td><td></td><td>班级</td><td></td><td>主讲内容</td><td></td></tr>
</table>

<table>
<tr><td rowspan="2">评价项目</td><td rowspan="2">评价要点</td><td colspan="5">评价结果</td></tr>
<tr><td>优</td><td>良</td><td>中</td><td>合格</td><td>差</td></tr>
<tr><td rowspan="2">目标设定</td><td rowspan="2">1. 目标的设定符合学生实际接受的程度；
2. 可操作性强。</td><td>10</td><td>8.5</td><td>7</td><td>6</td><td>5</td></tr>
<tr><td></td><td></td><td></td><td></td><td></td></tr>
<tr><td rowspan="2">主讲效果
技能水平</td><td rowspan="2">1. 备课认真，讲课熟练；
2. 教态自然，语言准确，条理清楚，层次分明，重点突出，娓娓动听；
3. 面向全体，重视启发，思维活跃，应变能力强，方法多样，手段直观，效果优良；
4. 板书工整，准确规范，布局合理，有助于笔记、记忆和复习。</td><td>60</td><td>51</td><td>42</td><td>36</td><td>30</td></tr>
<tr><td></td><td></td><td></td><td></td><td></td></tr>
<tr><td rowspan="2">参与状态</td><td rowspan="2">1. 学生参与活动的态度，学生对主讲内容感兴趣，热情高；
2. 学生参与活动的广度，学生有主动合作的意识，能保持多向、丰富、适宜的信息交流。</td><td>10</td><td>8.5</td><td>7</td><td>6</td><td>5</td></tr>
<tr><td></td><td></td><td></td><td></td><td></td></tr>
<tr><td rowspan="2">思维状态</td><td rowspan="2">1. 学生能发现问题；
2. 学生能提出问题；
3. 学生能分析问题；
4. 学生能解决问题；
5. 学生有创新意识。</td><td>10</td><td>8.5</td><td>7</td><td>6</td><td>5</td></tr>
<tr><td></td><td></td><td></td><td></td><td></td></tr>
<tr><td rowspan="2">学习达成的状态</td><td rowspan="2">1. 学生有满足感；
2. 学生掌握了必要的基础知识与技能；
3. 学生获得了进一步发展的能力。</td><td>10</td><td>8.5</td><td>7</td><td>6</td><td>5</td></tr>
<tr><td></td><td></td><td></td><td></td><td></td></tr>
</table>

<table>
<tr><td rowspan="2">评价等级</td><td rowspan="2"></td><td>优</td><td>良</td><td>中</td><td>合格</td><td>差</td><td rowspan="2">总评得分</td><td rowspan="2"></td></tr>
<tr><td>100～88</td><td>87～75</td><td>74～65</td><td>64～55</td><td>≤54</td></tr>
<tr><td>总评</td><td colspan="8">评语：</td></tr>
</table>

一、学生“主讲”评价要遵循的原则

课堂有效性是教学的生命。可以说“有效性”是教育教学的本质特征和内在要求，其内涵是在正确的教育教学思想的指导下，通过有效的教学行为，达到最佳的教学效果。学生“主讲”是有效教学中的一次新尝试，要真正凸显教学的有效性，在课堂评价中必须遵循以下原则。

（一）坚持生本原则

学生“主讲”课堂就要以学生的发展为本。教师要在以人为本思想的指导下，以课堂为阵地，学生为主体，指导学生开展充满活力的思想、文化、情感交流活动，让课堂真正“活”起来。

所以在学生“主讲”目标的设定上要符合学生的实际接受程度，把学生原有的知识和经验作为教学活动的起点。新知识需要借助学生原有的生活经验，才容易被学生接受，变成学生自己的知识。在学生“主讲”实践中，要将学生的个人知识、直接经验、生活世界看成重要的课程资源，把学生熟悉的生活世界搬到课堂上来，抓住学生的兴奋点，鼓励学生大胆展示自己的特长，使得学生在互相交流和学习的同时掌握新的知识，从而促进学生正确思想观念和良好道德品质的形成与发展。

（二）尊重情感体验原则

动之以情，才能晓之以理。在主讲过程中，不仅要尊重主讲学生的生活经验和知识经验，还要多给其他学生人文关怀，尊重学生的情感体验。对同一观点或同一件事物，学生往往会产生不同的感受和反映。只要没有方向性的错误，就应该让学生充分表达自己的真情实感，通过生生合作、学习探究，解决自己生活中的一些现实问题，让学生在宽松、和谐课堂氛围中焕发起生命的活力。

（三）面向全体原则

在学生“主讲”过程中，主讲者要重视学生认知的个性差异，关注学生的个性发展，尽可能多地为学生提供自主思考和活动的机会，满足不同学生发展的需要。在致力于绝大多数中等水平学生发展的同时，既要使那些学优生脱颖而出，又要使学困生学有所得，达到基本要求，使课堂成为每一位学生充分发挥自己能力的舞台。

（四）关注思维原则

学生“主讲”不能搞“一言堂”，主讲学生如果自己夸夸其谈，不能与听讲同学形成互动，进行思维碰撞，那这种主讲就是我们常常批判的“填鸭式”教学，只不过主讲人由以前的老师变为现在的学生，其实质是"换汤不换药"，这种主讲方式意义不大。因此主讲内容要真正走到学生的生活中去，将学生社会生活实际中的知识、经验与主讲内容结合起来创设教学情境，用耳闻目染的与学生的生活息息相关的知识、经验提高学生的思维能力，让学生很自然地融到主讲学生创设的语境中，在合作探究、学习互动中去判断、选择，提升价值标准，促使学生更好地感悟生活、感悟人生、感悟教学内容的生活价值和社会价值。

二、制订评价指标的操作说明

（一）观察目标的设定

观察者要仔细审阅主讲学生在确定目标时是否符合学生实际接受的程度，从学生已有的知识体验出发，符合大多数学生的实际接受能力，既不要过高，也不要过低；目标要具有可操作性，便于主讲学生灵活驾驭课堂。

（二）观察主讲效果、技能水平

评价主讲效果要从以下方面观察：

1. 主讲者语言是否流畅、表达是否准确；
2. 教态是否自然，能否面向全体同学；
3. 主讲知识是否条理清楚，层次分明，重点突出；
4. 是否重视启发，思维活跃，应变能力强，方法多样，手段直观，效果优良；
5. 板书是否工整，准确规范，布局合理，有助于笔记、记忆和复习。

（三）观察参与交往状态

没有学生积极参与交往的课堂，是谈不上开发学生潜能的。这就要求主讲学生既要为学生创设一个适合于他们参与交往的民主、和谐、活跃的课堂氛围，又要为学生的参与交往提供适宜、丰富、有趣的活动内容与机会，同时还要保证学生的参与交往有充分的时间与空间。具体可从以下六个方面进行观察。

1. 学生与学生之间是否相互尊重、理解、平等

主要观察学生在进行各种交往的活动中，主讲学生是否尊重其他学生的观点、思想，发言学生与听讲学生之间是否相互尊重。尊重是进行一切活动的前提，只有相互尊重，才能相互理解，才能做到平等，才不会出现有的学生被冷落、被讽刺、被耻笑的现象。

2. 学生对主讲内容是否感兴趣

兴趣是最好的老师，良好的兴趣可以转化为学习的动力。观察学生对学习是否感兴趣可以先看学生的注意力是否集中到学习的活动内容中，再看学生对学习的内容和方式是否感到兴奋、愉悦，然后看学生是否具有进一步学习的愿望。

3. 学生和学生、学生和教材之间是否能保持多向、丰富、适宜的信息交流

交流只有在活动中才能实现。学生和学生、学生和教师之间是否能保持多向、丰富、适宜的信息交流，主要观察课堂上是否设计了适合于学生参与教学活动的合作氛围，是否有能够充分调动多种感觉器官的适合学生发展的活动内容、活动方式和足够的表达个人意见、展示个人才能的时间与空间。

4. 学生是否踊跃参与各项学习活动

可以通过对学生参与教学活动的全员性和全程性的大致统计以及主动性情况，了解学生参与各项教学活动的踊跃程度。统计时最好把少数人的情况做适当记录，以便最后做综合判断。

5. 学生是否有主动合作的意识

学生是否能主动合作，主要表现为是否具有良好的行为习惯，遵守活动规则，会倾听、理解别人的发言，主动自觉地与别人合作，共同完成学习任务。

6. 是否有的学生还能参与教的活动

这里指有的学生在参与交往的活动中能够将所学知识用自己理解的语言或方法告诉、帮助别人，将教与学的角色集于一身，这说明学生的参与交往活动已达到一定深度。可以对具有这种表现的学生的人数、次数做适当记录。

（四）观察思维状态

“学起于思，思缘于疑”，没有思维碰撞，没有质疑的课堂是无趣的课堂。学生“主讲”效果很大程度上取决于主讲者能否设置思维陷阱，调动同学的思维，引发同学积极思考。这也成为课堂观察的焦点所在。

观察者主要观察主讲者能否调动学生发现问题并积极提出问题；提出问题后能够主动分析问题、解决问题；问题的设计是否具有创新意识等。

（五）观察学习达成的状态

这是针对主讲者授课的最终效果的观察，可以通过问卷调查，观察学生对主讲内容是否具有满足感；通过简单的测试观察学生是否掌握了必要的基础知识与技能以及

学生是否获得了进一步发展的能力。

三、学生主讲评价的实施应注意的问题

1. 评价前

指导老师和所有听课学生都是评价的参与者，所以都应该认真阅读评价量化表，熟悉评价要点的特征描述。必要时指导老师要对参与评价的学生进行相应的培训，对于不太熟悉方案的评价者可以采用教学录像评价的方式进行培训。评价者对评价指标体系和操作要点的理解直接关系到评价的效果，因此在评价之前应确保评价者掌握和熟悉评价指标的具体含义和相应评价要点与行为。

2. 评价中

评价者应该根据评价要点做好听课记录。根据评价要点，做好相应的听课笔记，听课笔记可以按照课堂教学的基本过程，从课堂教学的导入开始，以教、学和生生之间的活动为主要内容，并随时记录下自己相应的感受。要注意的是：听课笔记不是课堂教学实录，没有必要把课堂教学中的所有东西都记录在案。同时要熟悉整个评价指标，只有这样，才有可能随时对照课堂教学的实际情况分析出评价指标的实际情况。

3. 评价后

学生“主讲”评价的目的并不仅仅是简单地对学生“主讲”做出等级评定，其主要目的是促进课堂教学，因此在评价等级的判断过程中，需要综合考虑课堂教学中的各种因素，特别是需要考虑教学中学生的相应意见，能够跟主讲学生进行相应的讨论，从课堂教学的目标、教学设计、实施过程、教学效果等各方面进行评价。

量表评价法主要由指导教师和参与听课的学生来进行，通常可以将两方面的评价结合起来，再根据相应的教学条件、教学设计、教学实施等方面的情况，做出相应的等级评定。在评价时，最好能够再写出简要的、有针对性的评语。

四、评价信息的整理分析与撰写评价报告

采用量表评价的方法不是简单地进行评价量表的填写，相反，评价等级的判断还需要综合来自教学各方面对象的信息，而这个过程就是指评价信息的整理分析，即评价者对收集到的各种资料进行整理、汇总和综合，在此基础上获得评价的结果，最后在评价结果的基础上形成评价结论。

评价结论是针对评价对象的进一步发展而提出的解决目前存在问题的意见和建议，其目的是通过课堂教学评价来评价主讲学生的主讲水平，并进而提高课堂教学效果。评价结论应该包括对主讲学生的课堂主讲所提出的意见及进一步提高的建议，评价结论中的意见和建议应该尽可能具体和有针对性。

第二节　教师激励评价制度的建立

为了推动学校合作达标教学发展，使每一名教师都能扎实落实学校合作达标教学的思想和要求，切实提高自主学习课堂教学效率，我们专门建立了课堂教学评价制度，主要从学生评价和教师评价两个方面去落实。

一、学生问卷

教师在课堂上是否按照要求进行合作达标教学，学生最有发言权。为此，我们在全体学生中开展了“我最喜爱的魅力课堂”评选活动，按照由学校统一制定的合作达标魅力课堂评选标准，学生将每周内自己喜爱的合作达标课推荐出来，填写在下发给每个学生一份的班级周课程表中。为了保证其有效性，我们规定按照不超过总课时量三分之一的比例进行推荐，周末各班级收齐，由级部统一汇总。魅力课堂评选活动，将评价的权力交给学生，为“我的课堂我做主”又注入了新的内涵。同时也激发了教师认真备好每一节课、上好每一节课的责任心，有力促进了教学质量的提高。

二、课堂观察

为了细致地剖析课堂上教与学的行为，我们采用了课堂观察这种研究方法，对教师的课堂进行有效的评价。课堂观察是一种记录、分析、研究课堂运行情况、谋求改善学生课堂学习的科学方法。我们根据合作达标教学的基本要求，制订了合作达标课堂教学观察评价标准，结合学科特点，建立了诸多的课堂观察点，不同的观课者从不同角度对于教师的课堂教学进行观察、评价。最后汇总各观课者的数据，对教师课堂教学做出综合性的评价。为客观公正的观察教师的课堂，我们规定每个教师每学期至少接受两节常态课、一节公开课的观察评价，结果记入教师考核。课堂观察大大丰富了课堂教学评价的内涵，使合作达标课堂不断完善。

第三节 班级激励评价制度的完善

通过实践发现各种评价激励必须最终分解落实到学生个人综合素质评价，这些评价才会发生更大的作用，还以一个班主任的交流发言为例。

通过长期的实践，我班形成了一套比较系统、切实可行的班级评价制度。这一制度以小组为单位，体现在课堂表现、行为规范、达标检测等各方面，小组捆绑评价与个人量化得分相结合，每周有总结、每月一考评。

我们主要从两个方面进行评价：一方面，由自管会的主任对自己所辖的下级管理员的工作进行评价。各管理员对自己工作进行自评的同时，要对下设的各负责人进行综合评价，主要对优秀负责人的做法提出表扬。另一方面，要由各岗位的具体责任人对自己所辖区域的情况进行总结，并对各小组的综合表现进行评价，主要对表现优秀的小组提出表扬并予以加分奖励。评价的内容主要参照我们师生集体制定的《班级管理评价细则》。以上评价可以是周末进行综合评价，也可以是随时随地进行，因为这样印象可能更深，也能更有效地激励同学们。我记得在一次晨会上，我们班的李亚童同学进行了即时评价，他是这样说的：今天我要给一组的同学加分。因为今天早读时一组的同学表现得非常好，他们不但早早地坐在了自己的位置上，而且读得非常认真，就连杨忠杰同学都十分认真！我原以为他可能坚持不了多长时间，然而，他整个早读都在十分认真地读书。因此，我要给这个组的同学加上一分！希望一组的同学再接再厉，也希望其他小组的同学要向他们学习，加油！他的评价十分中肯，不但说明了理由，还表扬了平时纪律散漫，自我约束力较差的同学，同时还激励了其他的小组，给我和同学们都留下了极为深刻的印象。通过在班级管理工作中的一次次锻炼，李亚童同学的工作作风及处事方法成熟了很多，也得到了同学们的信任与友谊，在我们班的团员选举中，他以最高票数脱颖而出，在同学们中的威信极高。

小组的评价总结我们每两周进行一次，评选出五个优胜小组，三个落后小组。优胜者颁发喜报，并进行经验交流；落后者反思总结，须提出整改措施。每个小组还要记录好个人得分，分别登记在"综合素质评价表"中，每月进行一次考评。每次评价中的落后小组还要完成周反思，并形成书面材料，装订成册。通过小组评价的激励，同学们无论是课堂发言，还是周末的选做作业、自主作业都非常积极，参与的热情也相当高。这样，既调动了同学们的学习积极性，也使班级自主管理落到了实处，对规范学生的行为、建立良好的班风起到了很好的作用。

第四节　学习激励评价方法的综合运用

在工作中为了确保教与学的质量，我们做到从评价中分析数据，通过数据分析来指导研究工作的开展方向；从数据分析中做出评价，发挥评价在教学研究中的导向作用，我们采取多种方式及多种手段进行有关数据的统计，以便在分析数据中发现存在的问题，使我们的研究不至于偏离了课堂教学研究是为了更好地提高教学质量这一方向。如教学成绩统计，学科成绩全校同年级学生按降序排列：初一至初三年级，前10%的学生为尖子生，尖子生人数占学生总数的比率为培尖率，其平均分为培尖分，培尖分与培尖率的乘积为培尖值；前60%的学生为优秀，优秀生人数占学生总数的比率为培优率，其平均分为培优分，培优分与培优率的乘积为培优值；后30%的学生为后进，后进生人数占学生总数的比率为辅差率；前90%的学生为达标，达标生人数占学生总数的比率为达标率，其平均分为达标分，达标分与达标率的乘积为达标值。

用人数统计培尖率、培优率、达标率、辅差率，使级部、班级、学科之间都可以相互比较，历年成绩也可延续对比。

强调高分层与低分层学生的平均分，让教师培优注重团队实力，辅差关注每一位后进生。

每套数据均包含纵向分析（在原有基础上的变化）和横向分析（目前各率的数值），以确保评价的客观公正。同时考虑不同年级不同学科之间的比较，还使用有效上线对各个百分率的数值进行比较计算。

1．班级教学评价数据

班级教学评价数据主要从各类学生上线率、平均分等并使用正态分布图等进行统计分析。

2．教研组教学评价数据

教研组教学评价数据主要从各班各学科学生上线率、平均分、及格率等统计结果分析评价；另外为了不同学科之间的直接评价，也采用了包含偏差、偏差率、方差等统计工具进行打乱学科后的数据分析结果，从而发现各个教研组的均衡度及各不同学科教学的优劣之分。

3．教师个人评价数据

教师个人评价分为两种统计方式，其一为自己任教班级成绩的统计，其二为教师师徒帮扶结对成绩的统计。

4．各班学生学科差异分析评价

因为正态分布的概率密度曲线能清晰地揭示出事物普遍存在着不（非）均匀、不平均分布的特征，始终存在着中心和边缘的差异，所以我们需要关注中心和抓住重点，才能更有效地指导自己的学科教学重点，为此学校建立软件分析工具，通过提供所有学生成绩的数据来分析指导，形成直观形象的差异分析结果（正态分布图）。

第五节　学生“自主管理”学习模式带来的思考

大家一听到学生“自主管理”学习，已经心存疑虑了，对“学生主持主讲”更是不屑一顾，“不还是讲吗？只是把老师讲换成了学生讲嘛”，“学生讲的课堂难道就不是‘满堂灌’吗?”，“学生讲解只是表面的一种形式，讲得不透彻，不到位，最后老师还要补充讲解，这样影响了教学进度，课堂效率降低了”，“主讲的学生学习兴趣上来了，那些没有进行展示的同学呢?”，“学生主讲是否对各门学科、各种课型都适用?”，“这门学科学生预习充分了、也讲精彩了，其他学科呢？如果所有学科都这样准备，学生的时间从哪儿来？岂不更加重了学生负担?”，“学生主讲，课堂放开了，成绩下降了怎么办?”……

面对许多值得商榷的问题，当时我们坚持“先实践不争论，哪怕每周试一次，也要给学生一个锻炼的机会，即使课堂进度没完成也不要紧，关键看学生得到了什么”的原则开展这种学生“自主管理”学习模式的课堂教学改革。困惑是必然的，但不变革是没有出路的；道路是曲折的，但前途应该是光明的。实践再一次证明了学生所获得的一切锻炼都是非常有益的，这种收获不只是表现在学习上，更多的是为今后的生活奠定了基础。

其实最大胆开放的学生自主管理课堂——学生主持主讲课堂并非堂堂课这样，只要每周或者两周每科能提供给一个小组全体学生一次机会就很好，不管采用何种课堂学习模式，只要学生得到了锻炼就是收获，因为课堂不是一成不变的，哪怕最传统的课堂其中对学生来说也有着有益的地方。

不少人都有过类似的记忆：儿时在学校的某次集体活动中，有幸上台露了一下脸儿，小小秀了自己的一点才能，虽然时间短暂却刻骨铭心，甚至终生难忘。小小的一次亮相竟会在人的内心留下如此难以磨灭的印迹！一次小小的亮相尚能如此，倘若每学期能有几次上台主持主讲的机会，他的成长又会如何呢？人同此心，展示个性、追求成功、享受欢乐，既是心理的需要，也是促进心智健康成长，提升生命质量不可或缺的重要因素。

更何况采用“小组主持主讲”的方式，露脸的是一个整体、一个团队，同时又使小组成员间在客观上不得不通力合作，因为谁都渴望成功，都渴望被周围的人所认可，这样各个个体成员将会挖掘自己最大潜能，深入挖掘教材、吃透教材，大量筛选搜集参考相关资料，认真对比自己的困惑加强针对性的讲解和分析。另外，在准备的过程中他们不仅会咨询同学，了解学情，求助教师指导，还会去根据重点制作课件，研讨关键环节的处理，并且会进行言语的表达技巧的明确，突发情况的处理，组员的合理分工合作等工作的筹划和组织。表面看仅仅是展示了一节课，其实学生从准备到走下课堂，整个过程的收益是学生综合能力的提升。正像有的教师通过讲一次优质课，自己的教育理念及教育教学的技巧水平得到大幅提升的道理是一样的。

在以小组为单位的主持主讲课堂上，学生的主体地位得到充分发挥，成为课堂的主宰，正像央视中“百家讲坛”的主人公，他会讲得眉飞色舞，听者则会津津有味，高效课堂的实效性明显突出。学生以小组为单位参与备课、参与讲课不仅会使课堂气氛更加活跃，而且学生在合作探究的过程中获取的分析问题的能力和团结协作的能力之巨大，在个人的发展中是里程碑式的。

可见“直接教给学生知识，不如教给学生学习的方法，教给学生方法不如让学生在实践中体验”。课后，我对学生进行了学生“自主管理”学习模式的问卷调查，以及历经中考的成绩也有力地证明了这种课堂学习模式有以下好处：

（1）不仅能充分挖掘学生学习的热情和积极性，使他们自觉地接受新知识，而且能激发他们的创新思维，培养他们合作探究的意识，锻炼他们语言表达和组织驾驭课堂的能力，尤其对小组长的培养可谓是一种速成，真是一举多得。

（2）能充分暴露出学生学习过程中的问题，使教学更有针对性。学生和教师的思维不同，教师有自己的教学意图和方式，学生有自己独特的理解和表达方式，学生在主讲的过程中暴露出来的问题往往是普遍存在的，发现问题后再由老师点拨、引导、讨论解决问题，能够使学生对知识难点有更深的理解，更易于掌握。

（3）创造了一种民主、自由、愉悦的学习氛围，“从前我胆小、怯懦，不敢在众人面前说话。自从当了一次主讲人后，我彻底变了，变得活泼、大方了，说话的声音也变大了，而且还能充分利用时间学习了。”这是一名性格变化很大的同学的反馈。在听课中我就发现许多学生在主讲的过程中所体现的那种机智和应变能力可以说令相当多的教师都自愧不如。

（4）采用走班上课的社团活动形式，如开展社团活动，在活动中我们仅是为他们创造一个舞台，让他们进行主持主讲的锻炼，能够“唤醒学生心中的巨人”，能够帮助学生克服“我不行，我不能”的恐惧心理，能够真正创造一个属于学生自己的舞台，让其尽情地发挥自己的聪明才智。如果你亲自尝试一下就不难发现，每一名学生都是一座挖掘不完的宝藏，他们有无穷的潜能，对于自己喜欢做的事情他们愿意投入更多的精力。

（5）这种学生“自主管理”学习的方式其实就是把学生放到“野生环境”接受适当锻炼，而非“圈养式的人工养殖”，在自由的环境里自学，互助，一起提高。中考学生成功了，学校满意了，家长开心了，这也再次证明了课堂教学改革可以做到既提高成绩又提升能力，让学生感受、体验成功的幸福。“老师，我也考上了。”学生如是说，一个“也”字饱含学生的感激和自豪，更多的是对我们教育方式的肯定。

爱因斯坦说过，真正的教育成果是在学校里学的知识全部忘光之后还能留下的那部分东西。我觉得，学习应该是学生自己的事，那么我们的教育就要回归到教育的原点。“放开学生的手，抓住学生的心”，把课堂真正还给学生，使学生真正成为学习的主人。

第五章　学生“自主管理”常规方面的实施

学生“自主管理”在常规管理方面采用“自我教育、互相管理”这种管理方式，体现两个教育层次，一是自我教育层次，二是互管教育层次，互管这个层次又可分为小组、班级、年级三个层面。管理内容，主要指六大常规行为：安全、卫生、纪律、惜物、生活、学习。作为学生“自主管理”启蒙者——班主任的作用尤为重要，特别学校每年都有新班主任的加入，为此首先应该培训好班主任队伍，才能更好地实施学生的“自主管理”。

第一节　班主任工作基本规范的制定

班主任是中小学日常思想道德教育和学生管理工作的主要实施者，是学生健康成长的引领者，作为班主任就要努力成为中小学生的人生导师。为使班主任工作有章可循，有矩可依，深化常规管理和精细化管理，推进学生自主管理，切实提高中小学生的思想道德水平，确保德育工作的实效性，特制定班主任工作基本规范如下（正副班主任按级部要求明确职责、分工协作）：

一、基本常规

（一）日常规

1. 晨检（早操早餐）

（1）每天早晨带学生出操、吃早饭（寄宿班），预备铃前20分钟进教室。注意出操前要清点应到人数，规范出操秩序；就餐时注意路队整齐，就餐学生齐全，杜绝私自不到餐厅的现象，值班老师陪同并监督学生就餐，协助生活老师维持就餐秩序。

（2）督促、检查值日生清理室内外卫生，关注教室内物品摆放及周边有无安全隐患。

（3）检查、记录本班学生的出勤情况、身体健康状况，对缺席、迟到的学生要问清原因，尤其缺席学生要第一时间与家长取得联系，切实做好相关的教育工作，若有特殊情况第一时间向级部汇报。

（4）注意学生的衣着打扮、发型、个人卫生等情况，有不符合学生身份的仪容仪表应及时提醒和纠正。

（5）对个别问题学生要及时关心，属于全班性的问题或一天的主要工作及全校性活动，要利用晨会时间提醒、布置、安排，并总结昨天的得失，提出今天的要求。

（6）传染病流行季节，要及时给学生测体温，填写各种晨、午检记录表。

2. 课间要不定期或有针对性地经常到教室查看，要求学生上下楼梯注意文明礼让，不追逐戏闹，不推搡，不大声喧哗、不集堆儿聚在走廊等，对学生课间活动要做到胸中有数，确保学生不发生意外伤害。

3. 课间操要确保出操人数，每班限留值日生不超 3 人，养成快、静、齐集合的好习惯。对病假学生的姓名和原因要做好记录并在班级黑板上公示请假人数；禁止利用间操时间做其他工作。

4. 下午第四节课及时督促学生参加社团、体育活动，有针对性地选择活动场所进行旁听或协助体育老师进行指导。

5. 每天下午放学前班主任要召开 10 分钟夕会，总结班级日常常规工作及相关工作完成情况，表扬先进、指出不足、制定改进措施等。布置学生写好每日反思（寄宿生晚自习前写，走读生放学回家写）。

6. 督促班长记好班级日志。班级常规工作、学校中心工作完成情况，任课教师、班主任对班级的评价，学生违纪、做好事、调课、学生病事假、班主任处理突发事件等，应记入班级日志。

7. 每天应在学生晚放学后查看班级门窗、灯及饮水机电源是否关好后，再带学生下楼。走读班班主任护送路队出校门，寄宿班班主任带队回公寓。

8. 寄宿班学生三餐就餐期间，值班班主任要带队到餐厅协助生活教师维持学生就餐秩序，餐后组织学生有序离开餐厅，午、晚休期间同样也要到公寓协助生活教师清点学生人数，维护就寝秩序，待学生入睡后方可离开。

（二）周常规

1. 在每周一学校规定的升旗时间前，班主任要协助指导本班全体组织学生快速集合，带队到升旗地点参加升旗仪式。

2. 周一下午第三节课组织召开班（团队）会，总结前一周班级各项工作，评选优秀小组、个人，布置本周班级重点工作，要求结合学校要求召开好相应的主题班会。

3. 每单周一制定本单元周（单双周）工作计划。

4. 每周有针对性地找 2～3 名学生谈话，涉及面包括：家庭情况、行为习惯、学习、爱好、卫生、择友及心理状况等，了解第一手材料，并做好简要记录。

5. 每双周五做好单元周总结：

（1）梳理班级出现的问题；

（2）处理过的典型学生；

（3）总结班级管理中取得的成绩及个人体会；

（4）学校要求上报的材料等完成情况。

6. 每周级部召开一次班主任例会，进行必要的培训、总结和工作安排。

7. 每周批阅一次学生反思，利用反思本与学生沟通，把鼓励与期望及时传递给学生。

（三）月常规

1. 结合每月的德育主题组织召开一次主题班会。

2. 对学生反思及美德行为进行月总结、评比。

3. 每月召开一次学生干部培训会，给予工作方法上的指导，在班主任手册中留好记录。

4. 每月结合重大节日、纪念日或重大事件的内容组织一次班级特色活动或者开展综合实践活动。

5. 每月协调任课教师开一次班教导会。

6. 根据不同季节，每月对学生进行一次有所侧重的安全和卫生知识、预防传染病等教育。

7. 每月督促指导班委会、团支部办一期班报或者黑板报。

8. 每月调整一次学生座位。

（四）学期常规

1. 在新学期开学第一周内制定出班级（团支部）工作计划和学生自主参与制定的班级学生常规管理细则。

2. 每学期开学的第一个月，应确定为“常规教育月”，应围绕学校的整体要求和学生日常行为规范等全力抓好学习、德育两项“常规”教育。

3. 每学年初，与班级学生共同设计班徽、班规、班级精神、班主任寄语等内容，由学校统一为各班制作班级文化之窗等。组织学生更换班级的板报、墙报的内容。

4. 每学年初与学生、家长签订安全教育责任书。

5. 每学期应对学生进行专题心理健康教育主题活动不少于两次。

6. 每学期至少组织一次德育创新主题活动（校园传真），在电视台演播或升旗活动中交流。

7. 每学期以家访、家校联系卡、电话交谈、信息平台等形式与班级每位学生的家长至少联系一次。

8. 每学期召开家长会（期中、期末）不少于 2 次。

9. 每学期写读书心得、教育反思 2000 字以上；至少向学校提交一份成功教育案例。

10. 利用班（团队）会对青少年进行共青团知识教育，每学期至少四次。培养和选拔入团积极分子，指导优秀学生写入团申请书，指导入团积极分子填写入团志愿书。

11. 每学期组织学生进行一次安全疏散演练，寄宿生还要增加一次公寓安全疏散演练。

12. 定期指导学生一起填写《我的成长足迹》。依据中学生德育评价标准、日常行为和班（组）评议相结合的方式对学生个人进行综合素养考核评价，每学期一次。及时完成学生综合素质评价电子档案，并报学校存档。

13. 组织民主推荐、评选优秀干部、学生（团员）、优胜小组等各类优秀、先进团体、个人。

14. 学期末认真全面地梳理总结一学期的班级、团（队）部工作，完成班级工作总结。

二、重点工作操作细则

（一）工作计划

1. 第一学期班级（团队部）工作计划应包括：

（1）班风、班训或班级精神等；

（2）本班级学生的基本概况；

（3）班级管理的具体目标；

（4）创建优良班风、培养学生良好习惯及班干部队伍建设拟采取的措施；

（5）团支部工作；

（6）创新性的工作；

（7）活动安排。

2. 第二学期计划在上述基础上还应增加以下内容：

（1）上学期班级工作中存在的不足；

（2）针对问题本学期打算采取哪些有效措施。

3. 班级安全工作计划应包括：

（1）学期安全工作目标；

（2）安全教育内容；

（3）安全教育活动安排。

4. 单元周工作计划

（1）结合上周班级工作及学校、级部要求将做好哪些常规工作；

（2）准备培养学生哪些良好习惯，采取哪些具体措施；

（3）打算开展哪些创新活动。

5. 要求计划要全面、详尽，体现出本班级的特色与风格，班级的项目计划要按照时间节点填写简略的存档表格。

（二）常规教育

1. 每学期开学的第一个月都确定为“常规教育月”，初一寄宿生要求结合常规教育进行入学军训锻炼一周。

2. 常规月中应围绕学校的整体要求和《中学生日常行为规范》《中小学生守则》，结合《弟子规》诵读、解析活动进行强化教育，全力抓好“学习常规”和“德育常规”。

3. 初一新生入学的第一周，要组织学习“规范”和“守则”。并要进行相关内容的测试，要求测试成绩达到优秀以上。期中、期末考试应进行《中学生守则》《弟子规》相关内容的测试。

4. 平时应结合班级实际分阶段有侧重的开展主题常规教育活动。如“文明礼貌周”“安全教育月”等。

5. 应根据不同季节，每月对学生进行一次内容有所侧重的安全、卫生知识和预防传染病等方面的教育。

6. 通过学生个人反思、小组监督、学生自管会检查当日反馈表，及时纠正学生的不良习惯。

7. 利用夕会、班（团）会做好学生个人、小组遵守常规情况的评比，促使学生早日养成良好的行为习惯。

（三）班（团）会

1. 学校把每周一下午第三节课定为班（团队）会课。

2. 要认真备课，采取灵活多样的课型，增强班会的针对性和实效性。提倡学生自主组织开班会的方式。

3. 上课前 8 ~ 10 分钟组织学生观看“德育主题活动”电视节目。

4. 总结上周班级各项工作，评选表扬优秀小组、个人，布置本周班级工作。

5. 结合实际有侧重地进行思想道德、心理健康、德育常规等方面的教育。

6. 组织学生交流学习、生活的经验体会。

7. 让学生参与班级管理，定期组织学生为班级进言献策活动。

8. 每学期召开 4 ~ 6 次主题班（团队）会。

9. 根据上级要求和学校工作安排，依据重大文件、重大节日、纪念日等结合学生实际确定主题班（团队）会内容（一般由政教处或级部统一确定主题）。

10. 每学期分年级至少组织一次主题班（团队）会观摩、评比活动。评比结果纳入班级评价。

（四）综合实践活动

1. 结合重大节庆日、纪念日或重大事件的内容、性质适时确定，围绕某一特定主题，结合学校实际开展长期的、系列的教育活动。

2. 组织学生到农村、工厂、社区、大自然、德育实践基地、爱国主义教育基地等开展参观、调查、远足、劳动、生活体验、军事训练、公益宣传、志愿服务等活动。

3. 活动时间一般安排在双休日或节假日，每学期不少于 20 节，其中重大节日、纪念日活动每学期组织不少于 4 次。

4. 由级部统一设计安排，以班级、小组（队）为单位实施。

5. 活动前班级要制定活动方案、要保证活动时间、活动安全和活动效果。

6. 活动后班级进行总结评价，成绩采取 A、B、C、D 四个等级，评价成绩及时登记在学生综合实践活动档案上，为学生的综合素质评价提供重要参考作用。

7. 学校、级部要组织对活动材料的评选，并分主题整理、装订，上交存档。要注重影像资料的收集。

（五）心理健康教育

1. 除了专职心理健康教师授课外，政治教师、班主任分别兼任心理健康教育授课和辅导工作。

2. 学校要定期对心理健康教师、班主任进行提高培训。班主任应加强心理学、教育学等方面的学习和研究，不断提升心理健康教育的技能技巧。学校鼓励教师进行心理咨询师的学习与培训，并提供相应的支持。

3. 班主任每学期应对学生进行两次心理健康教育主题活动。开展心理健康调查，通过筛查为学生建立心理健康档案，做好重点辅导和个案咨询工作。提倡形式多样的工作记录，需要专职心理辅导的要及时寻求学校专职心理辅导教师进行干预，实施单独辅导。

（1）通过谈心、咨询、讲座、心理信箱、心理辅导活动等多种形式解答学生的心理疑惑；

（2）讲授心理知识和心理健康标准及解决心理问题的常用方法；

（3）帮助学生正确处理好学习、生活、择业、人际关系等方面遇到的问题和困难；

（4）指导学生如何应对挫折、冲突、压力、紧张、沮丧等心理困惑、如何调节情绪，如何形成良好的性格等；

（5）对学生适时开展感恩教育、理想教育、人生规划教育等，引导他们树立正确的人生观、价值观；

（6）培养学生健全的人格和良好的心理品质。

4. 利用月析会，分级部定期对学生进行心理健康知识讲座（原则上每学期对学生进行 1 次集中辅导），定期印发心理健康教育辅导资料，办好级部心理教育小报。

（六）家校合作

1. 要通过多种形式加强与家长的联系与沟通。

2. 每学期班主任以家访或家校联系卡、电话交谈等形式与班级每位学生的家长至少联系一次。了解学生在家中的表现和家长对学生的看法。

征求家长对学校和教师的意见；共同探讨对学生的教育方法。

3. 家校联系前先摸清被访学生的家庭状况、家长性格等，做到有的放矢。要留有家校联系相关记录。

4. 每学期召开学生家长会不少于 2 次。

（1）开家长会应根据学校的统一安排和要求，提前设计好方案；

（2）要以学校大局为重，以共商教育孩子大计为目的，了解家长对子女的教育情况，互通学生在学校和家庭的表现；

（3）指导家长学习、掌握科学的家教方法；

（4）交流家庭教育工作经验；

（5）严禁以任何形式（例如公开分数）给学生排队或用讽刺挖苦的语言使家长难堪。

5. 家长会结束后要形成家长会纪要，对家长反映的意见，有重点地向级部主任汇报，由级部主任汇总报学校，备课教案交政教处保存。

6. 家教知识宣传。通过专家讲座、印发材料等形式向家长宣传科学的家教知识。普及家教知识，提高家教水平。

7. 家教咨询。学校、级部领导、班主任要经常与家长交流沟通，及时排解家长在家庭教育方面的困惑与问题。听取家长的意见和建议，改进学校工作。

8. 学校意见征询。通过座谈会、信函、家校联系卡、家长会等形式，征询家长对学校教学、管理等方面的意见。加强家校沟通，优化学校办学环境，树立教育良好形象。

9. 学校开放日。邀请家长参与学校的一天活动，如听课、评课、活动等，体验学校生活。倾听家长对学校的意见，解答家长提出的问题，解决家长提出的合理要求。以级部为单位组织，力争每名学生家长每学期至少参与一次。要保存好开放日活动的相关资料。

（七）学生干部培养

1. 班主任接到新班级，应在全面了解学生的基础上，指定具有一定责任心和能力的同学担任临时班干部。

2. 两周以后，通过竞选产生新的班委会，每学期竞选一次。

3. 可以实行班干部轮岗制，让每名学生都得到锻炼。

4. 给学生干部要明确职责和分工，充分发挥各自特长，使其能胜任本职工作。

5. 在班级中树立班干部威信，提供机会让班干部组织班会、家长会等班级活动，记录班级日志。

6. 重视对小组长的培养，提高组长对小组的管理能力，每学期培养小组长不少于3次。

7. 每月要召开一次学生干部会，给予工作方法上的指导，班主任要做好记录，保存好相关材料。

（1）总结学生干部队伍工作情况，分析学生干部队伍现状，肯定成绩，查找不足；

（2）提出要求，指导工作方法和技巧，培养学生自主管理技能与技巧，并征求学生干部对学校和班级工作的意见；

（3）组织学生干部交流工作经验和体会，进行自主管理方法思维碰撞，提高学生干部的自主管理能力和水平，使班干部真正成为班主任的助手。

（八）问题学生教育

1. 接任新班级后，要及时了解全班学生的思想、学习、心理等状况，家庭背景及在原学校或原年级的表现，发现并确定特殊学生或问题学生的范围（包括特殊家庭子女，生活、学习、品质有一定障碍的学生等）。

2. 在调查研究的基础上，级部统一建立问题生、特殊生档案（应包括：学生基本情况、之前的表现、存在的问题或特殊点、拟采取的教育帮扶措施、每次教育的效果及学生的感悟等）。

3. 班主任协调任课教师确定帮扶对象，采用“一帮一”或“二帮一”等形式。

4. 应尽早摸清问题学生的问题所在、剖析原因、对症下药。

5. 经常开展谈心、咨询、家访、心理辅导等帮扶、教育活动。每周与问题学生谈心不少于一次，可采用面对面、书信、电话、网络等各种交流方式。选用因人而异的适当方法和手段去沟通、引导、感化学生，成为他们真正意义的人生导师。

6. 提倡以教育纪实、教育随笔、帮扶咨询等形式多样的帮扶记录。

7. 定期举办问题学生教育工作经验交流会（级部每学期不少于 2 次，每学段每学期不少于 1 次），相互学习借鉴。

8. 要认真填写好问题学生档案。

9. 学期末将自己成功教育案例提交学校，以备推广或发表。

（九）升旗活动、课间操等（略）

总之，学校通过细化规范，制定工作手册指导的形式，明确了学校的各项管理细则。其中对于班主任工作基本规范要求的内容很多，但要具体一一落实，就要抓好学生的自主管理，逐一进行分解，将规范的执行变成班级共同体的自觉行为，采用自我教育，相互管理，发挥人人都是管理者的作用，全员参与管理。自主管理的最终评价结果一定要与学生素养评价的结果挂钩，载入学生档案，这样才能最大程度调动学生自主管理的积极性和有效性，也能发挥教师在评价方面的指导作用。

示例

初中生综合素养发展等级评价办法

根据《教育部关于进一步推进高中阶段学校考试招生制度改革的指导意见》《山东

省教育厅关于完善初中学业水平考试和综合素质评价制度的指导意见》等文件精神和要求，实施对初中学生的综合素质评价，并“以学业考试成绩为主，将学生基础素养评价等级作为高中学校录取新生的限定性条件，并以此录取高一新生”的要求，为认真落实上级指示精神，结合我校实际特制订本办法。

一、评价目的

初中学生的综合素质评价是对学生全面发展状况的观察、记录、分析，是发现和培育学生良好个性的重要手段，是深入推进素质教育的一项重要制度。通过全面实施综合素质评价，促进学生认识自我、规划人生、提升核心素养、积极主动全面发展，推动学校把握学生成长规律，切实转变培养模式，引导社会树立正确的人才观和教育质量观，形成良好的育人环境。

二、评价对象

综合素质评价工作的评价对象为初中一年组至初中三年级在籍在校生。

三、评价时间

综合素质评价工作每学期组织一次。每学年第一学期在12月、第二学期在6月完成（毕业年级5月份完成）。初中三个学年共评价6次，实行学年累计制，上学期占40%，下学期占60%。对于毕业年级学生，要在各学年综合素质评价的基础上，对毕业生的综合素质做出终结性评价，即毕业总评。

四、评价内容和标准

（一）初中学生综合素质评价一般包括思想品德、学业水平、身心健康、艺术素养、社会实践五个方面。

1. 思想品德。主要考查学生在爱党爱国、理想信念、诚实守信、仁爱友善、责任义务、遵纪守法等方面的表现。

2. 学业水平。主要考查学生各门课程基础知识、基本技能的掌握情况以及运用知识解决问题的能力等。

3. 身心健康。主要考查学生的健康生活方式、体育锻炼习惯、身体机能、运动技能和心理素质等。

4. 艺术素养。主要考查学生对艺术的审美感受、理解、鉴赏和表现的能力。

5. 社会实践。主要考察学生对劳动价值意义的理解、劳动习惯的养成以及社会生活中动手操作、体验经历等情况。

各门课程难以在学业水平考试中纸笔测试或实操测试的内容和山东省地方课程中

的传统文化、安全教育、环境教育、人生规划以及科技创新素养等要纳入综合素质评价范围。

（二）综合素质的标志性成果，是评价的重要依据，也是评价结果的重要实证。这些标志性成果主要应包括：

1. 获得的党委、政府以及教育行政部门和学校授予的各项德育表彰。

2. 参加教育行政部门（或授权的有关部门）和学校组织的各项学科类比赛的获奖成果。

3. 参加教育行政部门组织的电脑制作与机器人大赛、科技创新大赛的获奖成果。

4. 参加教育行政部门和学校组织的中学生运动会，获单项奖或集体奖的获奖成果；积极参加国家“体育、艺术2+1项目”，并经过学校和主管教育行政部门认定的证书和成果。

5. 参加教育行政部门和学校组织的文艺汇演、演讲比赛、摄影展、校园影视节目制作、书画展、征文比赛等活动的获奖成果；参加教育行政部门组织的各级音乐、美术个人比赛的获奖成果。

6. 学校学生会及学术社团组织的优秀负责人，校报、校刊及校园社团刊物的主编等；学校广播电台、电视台和文艺活动的优秀节目主持人等学生个人成长经历的实证性材料。

7. 学校组织的校内外教育活动（如研究性学习、社会实践和社区服务、公益劳动、校庆、艺术节、体育节、科技节等）中的优秀组织者、突出贡献者、积极分子等学生个人成长经历的实证性材料。

8. 学生个人在校报、校刊或在教育行政部门、学术团体编印的正规书刊发表的文章；学生在公开出版的报刊和书籍上发表的文学、艺术作品等。

9. 研究性学习和社会实践活动的成果，包括过程记录、研究报告和其他成果。

10. 能够反映学生自身素质的其他各项实证性材料。

综合素养评价要以上述各方面的基础性发展目标为基本依据，根据学生的平时表现、活动记录、学习作品、特长表现、奖惩情况等，全面客观反映学生的总体发展水平，力求使综合素质评价的结果科学和公正。

五、评价程序

（一）学校负责制定综合素质评价工作的方案和实施办法，要成立初中学生评价工作领导小组，领导和负责学校初中学生评价工作，对校内各班级评价工作进行指导、监督，接受咨询、投诉。领导小组组成人员在校内要具有广泛代表性，名单要提前向全校进行公示。

（二）初中学生综合素质评价以班级为单位开展工作。每个班级设立一个评价小组，由班主任、任课教师和学生代表组成。小组成员应对该班学生比较熟悉和了解，有较强的责任心和良好的诚信品质。评价小组成员名单应向班级公布。

（三）班级评价小组以学生日常行为表现、成长记录、标志性成果等内容为依据，经集体讨论，给予学生客观、公正的评价。评价小组成员要善于搜集和分析能够反映学生学习过程和日常表现的数据、事例实证，并依据数据和事实来概括学生的发展情况。评价时应注重从学生的整体表现入手，避免以偏概全。

评价过程中小组成员之间若存在分歧，要通过集体研究，按照少数服从多数的原则做出结论。对于原则性的重大分歧，要提交学校评价工作领导小组研究决定。

（四）初中学生综合素质评价的内容、方法、程序等要向学生及家长做出解释并公示5天以上，公示无异议方可记录。评价结果应通知学生本人；如有异议，学校评价工作领导小组应进行调查和处理。

（五）基础素养发展档案填写

1. 分项目填写各个方面的基础性发展目标评价、综合评价和学生自我评语、班主任评语。

2. 分项发展目标评价要严格按照标准实事求是的进行评定。综合评价要在汇总学生自主管理周评价的基础上，结合各科教师对学生的评价（按照比例计算），根据综合排序按照上级规定分别按30%、40%、30%的比例确定A、B、C各等级学生名单。D等级没有比例限制，有几个确定几个。

3. “学生自我评语”和“班主任评语”，每项评语要求字数不少于100字。学生自我评语要求学生谈谈本学期生活的经历和体会；班主任评语要求对学生的综合素质予以整体描述，评语采用记叙性、描述性的语言，客观描述学生的进步与不足，尤其应突出学生的特点和潜能，记录学生成长过程中的闪光点。体会、评语切忌雷同。凡能够反映学生在校期间表现和发展状况的各项标志性成果应一一列出，作为评估结果的重要实证。“毕业总评”中的“初中生活的经历与体会”和“班主任综合评价”要对学生四个学年的整体情况进行全面的总结和评价。

六、评价的几点要求

（一）加强组织领导。综合素质评价是落实义务教育课程方案，深入实施素质教育的重要措施，也是初中学生学业考试和高中阶段招生录取制度改革的重要内容和关键环节。学校、级部、班级要认真执行和实施。要充分认识评价工作的重要意义，切实加强领导，把学生评价工作与学校日常教育教学和学生自主管理结合起来，纳入学校、级部、班级常规工作按期开展，努力引导学生德智体美劳全面发展。

（二）严格规范评价。要进一步建立健全评价工作机构，要结合实际，制定具体的综合素质评价实施方案、实施细则，对评价工作全程指导和监管。切实对学生作出全面、科学的评价，确保评价结果的客观、公平、公正；要注重评价过程，规范评价程序，充分体现学生自评、互评、小组评、班级评、任课教师评等。非毕业班评价结果直接按一定比例记入毕业生评价结果中。将三个学年的评价结果累计作为初中学生综合素质评价的最终结果。每学期的评价结果将在一定范围内公开。禁止用毕业时的一次性评价作为初中学生综合素质评价的最终结果。

（三）强化档案管理。要从初一开始建立学生成长记录袋，内容完整准确，管理规范有序，要如实记录学生各个方面成长的足迹，反映学生的个体差异与特长。要将《初中学生综合素质评价手册》纳入学籍管理，使之成为学生学籍档案的重要组成部分。对于初中转学的学生，转出学校应将学生档案资料密封后转出，转入学校应同时接收学生文本和电子两种档案。要规范电子档案管理，学籍管理（含综合素质评价）用机为要专机专用，专人使用，综合素质评价信息随学生学籍信息由学校教导处负责一并上报。毕业年级学生的综合素质评价结果（文本和电子两种档案）于每年 5 月底前报市教育体育局基础教育科备案，作为高中学校招生录取的重要标志性成果。

第二节　新班主任工作的培训

目前，学校的社会声望和办学水平日益提高，班主任的责任更大了，学校对班主任的要求更高了，加之班主任队伍年轻化且流动性大，对新班主任的培养成为学校工作的重中之重。为了让新班主任快速成长起来，学校决定启动实施新班主任成长培养工程。根据我校教育教学实际，特制定本计划。

一、指导思想

新班主任是班主任队伍中的重要组成部分，是班级管理的指导者，学生健康成长的引领者。新班主任个人的素质建构、内涵提升、自主发展和自我超越在很大程度上决定着学校的办学声誉，新班主任的快速成长有利于持续发展和办学水平的进一步提高。

二、新班主任的界定

具备以下任何一条的，即为新班主任。

1. 在本校承担本年级段班主任工作不足一年的（如：第一次承担初三班主任不满一年）。

2. 在本校承担班主任工作不足三年的。

3. 在本校承担副班主任工作两年以内、工作能力比较突出的后备班主任人选。

三、成长目标

1. 成为一名师德高尚、业务精良、学生满意、家长放心、能适应社会发展要求、学校教育需要的高素质班主任。

2. 创建平等自由、团结友爱、充满朝气的班集体，让每一个学生在班集体中找到归属感，成就自身的职业幸福。

四、成长规划

近期规划：半个学期内成长为合格的班主任，班级的各项常规管理扎实到位，能达到级部、学校的基础要求。

中期规划：一年内成长为学生喜欢、家长满意的骨干班主任。所带班级班风正、学风浓，班级文化积极向上。

长期规划：主动研究提升班级管理工作，能独当一面，创造性地开展工作，有自己的工作思路和独特的工作方法，能收到良好的工作成效，在班主任队伍中有较高的威信和一定的影响力。

五、责任人及职责

（一）新班主任自身

1. 要虚心好学，积极钻研班级管理工作，积极参加培训，认真探讨具体案例，提升班级管理理念，丰富管理经验。

2. 利用各种方式方法，主动向身边优秀班主任、骨干班主任就具体事务请教学习，用心观察他们的具体做法，努力提升自己的工作能力，从而胜任班主任工作。

3. 能坚守底线，认真落实、正确传达学校、级部的有关要求，把最基本的工作做好，不节外生枝、借题发挥；在此基础上，力争班级管理工作有成效、有特色。

（二）首席班主任

1. 做班级管理工作的表率，以实际行动带动、引领新班主任。

2. 要把班级管理方面的经验、资源通过培训会、月研讨会、班主任QQ群、个别指导等途径和新班主任共享，特别是要加强预设性培训，防患未然，促其尽快成长。

3. 对新班主任的班主任常规工作，如班会备课、案例的学习、学生反思的批改、主题创新活动的开展以及德育教育活动材料的迎检等工作进行督导检查。

（三）级部副主任

1. 高度关注新班主任的班级常规工作，每天到其所在的班级进行巡视，对安全、路队、卫生、学生纪律、内务等进行检查评价，发现问题及时指导改进，做好周评价和月总结，对典型的做法及时通过级部例会进行推广。

2. 对新班主任落实学校、级部有关要求的情况进行记录、督导，及时与级部主任沟通，对症下药，规范新班主任的教育管理行为。

3. 加大对副班主任的班级工作的监管力度，如卫生、收费、保险、晨午检等，注重发现、重点培养优秀的副班主任，树立榜样，为新班主任队伍建设储备力量。

（四）级部主任

1. 学期初，安排搭配正副班主任、任课教师、教室位置都要考虑互帮互学、互补互助的便利性和有效性。

2. 要特别重视新班主任的成长，以自身的言行影响感染带动新班主任，着重提升新班主任的管理理念和责任意识。对新班主任在语德、五条高压线等师德问题进行规范和指导。

3. 加强对薄弱班级的跟踪监控和培训指导，适时、全程参与全体新班主任的成长、培训、评价等工作。

（五）政教处

1. 积极参与对新班主任的培训指导工作，利用级部班主任月例会表彰推广部分新班主任的创新做法和典型个案。

2. 对新班主任的培训工作进行督导、检查和过程性评价；适时组织开展相关的主题性活动，以活动促进新班主任的快速成长。

3. 建立健全班主任评价机制，以积极的评价引导、激励新班主任的成长，巩固、扩大骨干班主任队伍，储备合格班主任的后备力量。

（六）学校

为新班主任的成长做好物质和精神上的保障，促使优秀教师群体向优秀班主任群体的转变。

六、行动策略

（一）实行月反思汇报制

通过不断的反思，提高发现班级管理问题的能力，学会初步解决问题的正确方法，积累处理复杂问题的经验，针对某类问题或现象进行专题研讨，形成科学的班级管理策略。

（二）开展行动研究

引领新班主任善于从案例入手开展行动研究，将工作的过程变成研究的过程，并成为一种自觉行为。通过研究积累素材，形成优秀案例，丰富新班主任培训资源。

（三）策划主题活动

根据新班主任成长的不同阶段，组织策划相关主题活动，针对性地进行交流研讨和思维碰撞，形成比学赶帮超的良好局面。

七、评价办法

1. 每学年末对新班主任从班级常规工作、班级自主管理、学生课堂能力、班主任个人素养四个方面进行评价，定性与定量相结合，过程与效果相结合，级部和学校相结合，运用多种渠道，采用多种方式，科学、公正、合理地评价新班主任工作，特别要重视过程性评价。

2. 把新班主任的工作态度、工作表现、工作成绩与评选十杰班主任、师德标兵、十佳校聘教师、聘用长期合同制教师、班主任工作奖励等工作挂钩。

3. 通过日常观察和学期末综合评价对达到成长要求的新班主任颁发合格证书，新学年聘任优先安排，否则继续参加成长行动计划的培训。

八、组织机构（略）

示例

新班主任月反思记录

________年________月

姓名		出生年月		任教班级	
任教学科			本校班主任年限		
本月主要工作					
成功之处					
问题研究					
不足之处					
下月工作改进					

第三节 首席班主任工作职责

首席班主任是学校管理工作中的中坚力量，为了充分发挥首席班主任的示范、引领、指导作用，提高班主任队伍的整体素质，现制定学校首席班主任职责如下：

一、级部工作参与制

每次级部例会前要为领导提供素材，例会时各位首席班主任都要将本班或其他班级行之有效的成功经验或管理智慧及时通报，做到资源共享。同时要深入每个班级，善于观察，善于发现，对个别班级在管理过程中出现的疏漏或隐患及时提醒指正，做到防患于未然。协助级部做好班级常规周评价工作。

二、单元周工作计划制

首席班主任要在精准地把握本级部学生思想动态、各班级管理现状的基础上，结合学校、级部的工作重点，以单元周为单位，把工作要点、研究过程、保障措施、工作要求及时限等以书面形式打印下发给本级部的其他班主任，问题不宜多，不宜大，有针对性，有操作性。首席班主任要率先付诸行动，并对其他班主任进行过程性指导，做到周周有要点，点点要落实，形成班级管理的良性循环。

三、单元周工作反思制

针对单元周工作计划的实施情况及工作的实际效果，带领本级部班主任进行单元周工作反思，特别要做好学生反思和德育工作实录（含班晨会备课）的互查互纠工作，为下一个单元周的工作计划奠定坚实的基础。

四、月工作研讨制

首席班主任每月必须组织召开一次级部内班主任研讨会。研讨会要有明确的目标，突出的主题，可以创新组织形式，可以自行设计议程，但必须研讨充分，解决问题，确保会议实效，同时以级部为单位搞好适应本级部学生的创新工作。

五、主题班会课观摩制

为凸现主题班会的主渠道作用，应加强首席班主任在班级管理上的示范引领作用，推行主题班会观摩制度。班会主题由首席班主任根据学校的统一安排，组织级部内各班主任进行集体研讨与备课，而后由首席班主任试讲，其他班主任观摩，完善后由各班按方案组织实施，以确保主题班会质量。每学期每位首席班主任至少提供2节高质量、有水平的主题班会课。

六、帮带捆绑制

为促进班级管理的均衡、优质发展，每位首席班主任必须全面、全程地负责帮扶1～2名新任班主任或年轻班主任或老班主任，认真做好新班主任月反思记录，将帮扶落在实处，学校根据被帮扶班级的班风、学风、常规工作、综合评价等多方面因素对首席班主任实行捆绑式评价，解决级部管理中班主任队伍参差不齐等问题。

七、课题研究

首席班主任必须具有行动研究的能力，在班级管理方面不断有新的见解、新的建树，围绕班级自主管理、班级共同体建设、班级文化建设、问题学生的转化、班级热点难点等问题进行深入系统的研究，申报研究课题，创新研究路径，提升管理效能。一年至少主持并参与一项市级以上课题研究，并在一定范围内形成影响并推广实施。

示 例

初×级部班级单元周工作计划

（第　周）　　月　日——　月　日

一、常规教育

期末考试马上到了，在班里形成浓厚的学习氛围是至关重要的，接下来的两周，我们具体要做到以下几个方面：

1. 利用班会进行一些有效的学习方法的指导，如：文科学习需要大量的积累，理科需要在理解的基础上进行举一反三的强化训练等。

2. 结合学校组织的双语之星的评选，大张旗鼓表扬获奖学生，培养尖子生的带头意识和自学意识，让他们做好表率作用，号召全体学生向他们学习。

3. 大力表扬各类学习典型：勤学好问典型、上课积极发言典型、质疑典型、积累错题典型、补救弱课典型等，起到以点带面的作用。

二、班会主题

1. ……

2. ……

三、温馨提示

1. 冬季来临，注意事项如下：假期防震、交通安全、用电安全、预防煤烟中毒、交友安全等。

2. 指导半走读学生不许为寄宿学生从校外带违规物品进教室和宿舍，注意晚间安全，最好家长来校门口接孩子回家。

3. 寄宿学生严禁使用电褥子、手机等，及时关灯、关水龙头、保证用电和用水安全。

四、单元周反思

____

____。

新班主任成长行动记录表

________级部　首席班主任：________　帮带对象：________

要素 类别	时间	内容	效果
培训记录			
班会示范观摩			
常规检查指导			

新班主任成长跟踪记录表

级部领导：________ 新班主任：________

要素 类别	时间	内容	级部领导指导情况		评价等次
			优点	缺点	
班主任 个人素养					
学生 自主管理					
班级 常规检查					
班级 特色工作					
本人对级部领导的指导、督查、反馈情况已经知晓，我将努力改进，迅速成长。 本人签字：________					

第四节　班级自主管理操作细则

一、班级

（一）组织建立

1．班委会竞选轮岗制

班主任要重视班委会的建设。通过竞岗制产生班委会，采取自主申报和民主推荐相结合的方法，组建一支组织管理能力强，责任心强、服务意识强的班干部队伍，赋予班委会很大的自主权，带动和促进良好班风的形成。通过轮流制激活班委会，一月一轮，优胜劣汰，让班委会充满朝气和活力。

2．小组长负责制

班主任要重视小组长的培养和建设，打造一批务实肯干有威信的小组长，负责班级日常事务的管理，赋予小组长管理自主权，在小组长的任命中引入竞争机制，定期交流经验，定期改选，让十几个小组长掀起比学赶帮的热潮。

3．班级管理全员制

引入班级管理全员机制，有多少个学生设立多少个岗，有多少个岗设多少个职，事事有人管，人人有事做，岗岗有人查，使每名学生的特点都得到发挥，创建群体管理方式，形成一种人人平等，人人有责，相互牵制，相互竞争，相互促进，相互交融的良好机制。

（二）自教互管

1．反思自省

每个学生每日反思自己的学习、言行、为人处事等，“吾日三省吾身”，在不断反思中不断进步。要不断创新反思的内容与形式，为班级自主管理和学生的自我管理奠定坚实的思想基础和物质基础。

2．人人会管

每个职位、每个学生每周要对自己的岗位职责履行等情况进行自查自纠，寻找更科学更有效的管理方法，以便更加优质高效地开展工作。班主任要明确每个岗位的职责、权限、范围、督查办法，并对管理员进行专门培训。

3. 相互评价

每个班级每个月要对班级自主管理工作进行评价。可采取管理员互评、组内互评、班干部评价小组长等多种方式逐级互评，人人都是评价者，人人又都是被评价者。

(三) 班主任职责

1. 日晨会

班级日晨会不仅要确保时间，还要从内容上、备课上进行规范，面向全体学生，抓住困扰班级自主管理的核心问题，结合学生表现出来的共性问题，有序列、有针对性地进行。班主任要善于利用晨会这一平台，提高班委会、小组长和组员的自主管理能力。

2. 周总结

每周一班会课班主任对本周的班级自主管理工作进行总结，指出存在问题，指明努力方向，营造浓厚的自主管理氛围，为月评价奠定基础。

3. 月评价

班主任根据日量化、周总结，评选出本月自主管理先进个人、先进小组和优秀组长。

二、级部

(一) 日巡查

级部要重组精简巡查队，级部副主任要对级部巡查队的成员进行培训，培养一批有能力、责任心强的学生干部，并每天巡视到岗情况、检查情况，及时发现处理相关问题。

(二) 周晨会

各级部利用周五早操时间召开周晨会，总结本周的级部工作，对各班级本周表现出来的问题进行强调，表扬先进班级，激励后进班级。重点总结级部巡查队工作和各班自主管理的运行情况。

(三) 月析会

级部每月召开一次月析会，从学习、纪律、卫生、自主管理（包含生活区域）等各方面对本月的工作进行全方位的分析与总结，表彰自主管理在各个方面的先进班级、小组及个人。

三、学校

（一）日检查

学生自主管理委员会的各部及执委会每天对各级部、各班级的日常规（纪律、卫生、仪表、合唱、晨会、两操、安全等）进行检查督导，将检查结果第一时间反馈级部，以便及时查找自纠整改。

（二）周总结

政教处每周将各部检查的结果进行汇总，评选每周优胜级部、优秀班级，每周一进行表彰。

（三）月主题

学校从百项行为好习惯入手对学生的各项行为进行约束规范，通过“自教互管”的形式帮助学生养成良好的行为习惯。每月确定一个主题，让级部、班级将常规月教育与班级自主管理结合起来，有计划、有步骤地把这项工作落到实处。

示 例

学生日常规教育管理细则

（学生自我教育及自管会检查用）

一、一日常规

（一）起床

1．听到铃声马上起床，不能赖床。

2．起床后，抓紧时间穿好衣服，整理好内务（内务根据军训和生活老师的要求严格执行，被子、枕头、脸盆、毛巾、牙杯牙刷等都有要求），下床进行洗漱。不能耽误时间，影响值日生做值日。

3．在洗漱完毕之后，迅速到走廊站队，等待值日生打扫卫生。

4．值日生不能啰唆，尽快在5分钟时间内做完值日，随同队伍一起回教室。

5．在回教室的路上队伍要整齐，不能嬉戏打闹，更不能随便离开队伍私自行动。军体委员、路队长和班干部要负起责任（宿舍长要督促大家及时起床，组织好室外的纪律；军体委员要检查各宿舍的纪律，和宿舍长一同管理队伍，一路上有检查员检查）。

（二）早操（按照早操管理规定执行）

（三）晨读（因天气等原因不能出操）

男、女生分别带队进入教室后，马上坐好学习，值日班长到讲台监督，值班教师不在，不能出声背书。值班老师到教室后，方可大声背书。

（四）早餐

1. 早餐铃响后，迅速到室外站队，不能拖沓，更不能大声喧哗，做到文明礼貌，努力做到快、齐、静。

2. 餐厅分饭值日可以不站队，提前到餐厅分饭（分饭要公平公正）。

3. 军体委员带队到餐厅，路上强调纪律。到达餐厅后，男女方可分开，各自就餐。

4. 就餐时，要做到不说话，不打闹，不争抢，不浪费，不挑食，营养有序，文明礼貌进餐。

5. 就餐完毕，餐桌长提醒同学们把碗筷送到洗碗池，凳子上架，然后回到餐桌旁站队。

6. 值日生在同学们把碗筷拿走之后，要迅速值日：擦餐桌，必须干净卫生，不能应付（先把剩菜残羹一起收拾到大碗里倒掉，然后用抹布擦桌子。抹布用完后要清洗干净平放在餐桌上晾好）。

7. 值日完毕跟随队伍一起回教室自习。同时注意路队纪律。

（五）值日

1. 教室值日的同学要提前回教室，清扫教室卫生。先清扫室内，再清扫室外，先扫后拖。力争在同学们回教室时，室内卫生清扫结束。

2. 值日生要做到尽职尽责，保质保量。值日时，要用水桶把水接到教室，拖布在桶里洗好、拧干后再拖地，不能拖泥带水。冲完拖布的水不能倒入拖布池，要倒进便池，以免堵塞下水道。

3. 值日生除了地面的卫生外，还要对窗台、墙裙、门窗玻璃、黑板槽、刊版、讲桌等进行擦拭，保持整洁。

4. 其他同学要注意保持卫生，尊重别人的劳动成果，不能随地扔垃圾。每个同学自己准备垃圾袋，把纸屑等放到垃圾袋里。

5. 任何人不准带零食（泡泡糖、瓜子等），正餐好好吃饭。

6. 每个人要注意自己周围环境的保洁（打扫卫生，更要注意保持）。

（六）早读

早餐后进行早读，要求与晨读一样。

（七）晨会

1. 总结昨天的得与失。

2. 提出今天的要求，或是布置今天的任务。

（以上内容根据具体情况，可以是班主任总结、提出要求，也可以是值日班长，同时还可以让普通同学谈谈自己的看法和想法）

（晨会的内容非常重要时，是需要班主任来强调的。平时可以是班主任、值日班长共同来主持。值日班长提前备课，对需要总结和提醒的内容进行梳理。这可以作为班级的一项创新，也可以是级部的一个特色）。

（八）班班唱

1. 声音要洪亮，激情要饱满。

2. 站姿要笔直，态度要严肃。

3. 讲台上要有指挥的同学。

（带班老师必须到场）

（九）课前

1. 做好课前准备，拿出课上需要的课本、文具盒等必需品。

2. 在老师到教室之前，要自主预习或是复习，不嬉戏打闹、大声喧哗。

3. 课代表下课后立即放下手中的任务，到办公室去联系上课老师，并到教室布置本节课的学习内容（领取任务，布置任务，帮老师拿书本、教具等）。

4. 教师不在教室期间，班干部和本学科的课代表要维持好纪律，做到课前准备充分有序。

（十）上课

1. 课堂上要有端正大方的坐姿。

2. 课堂集中精力聆听老师讲课，向45分钟要成绩。

3. 课堂上要跟随老师的思路，积极思考问题，回答问题声音洪亮，口齿清楚，大方得体。

4. 课堂上合作时，小组长要负责，有组织协调、合理分配能力，其他同学要积极参与，不讨论与课堂问题无关的内容。

5. 做练习时，要自主完成，不能随便询问其他同学，有问题向正在巡视的老师请教。更不能趁着练习的时间偷闲，浪费时间，耽误学习。做到本节课的任务本节课完成。

（十一）课间

1. 课间可以远眺，使眼睛得到较好的休息。

2. 对上节课还没弄明白的问题可以抓紧时间请教老师或是同学。

3. 收拾好上节课的用具，准备好下节课需要的一切用品。

4. 教室是学习的场所，不准在教室大声喧哗，影响其他同学的学习。

5. 不准在教室追逐打闹，以防发生意外。

6. 不准在教室乱扔纸屑、笔芯或是纸飞机等，破坏卫生，影响他人学习。

7. 不准拿圆规、小刀、笔尖等尖锐的东西玩耍，小心误伤他人。

8. 课间还要注意把握时间，不能在校园逗留，耽误上课。第一声铃响后必须进教室安静下来，按课代表的要求准备，等待老师的到来。

（十二）午餐

各项注意问题同早餐。

（十三）午休（根据季节不同确定休息时间）

1. 午餐后，排队一起回宿舍（教室）休息。

2. 路队的要求与早晨回教室的要求一致。

3. 回宿舍，上楼梯靠右行，要保持安静，轻声慢步，一步一阶。

4. 回宿舍后，抓紧洗漱，上床休息，上床后不准说话。

5. 午休时间不准吃零食，不准在值日老师走后说话，喧哗，影响他人休息。

6. 起床铃响后，抓紧时间起床，起床后的各项要求同早晨起床。

（十四）中午自习

午休回到教室后的要求与晨读一致。

（十五）下午自习

自习是查漏补缺的时间，是选修的时间，是阅读提升素养的时间，是班主任强调事情的时间，是某一课补习的时间。无论自习干什么，都要认真，遵守纪律，严格要求自己，做到与正课一样。

（十六）晚餐（同早餐午餐）

（十七）晚自习

晚自习的学习要求与正课一样，虽然以自主学习为主，但必须保证上课质量。

1. 尤其是晚自习的课间要注意安全，不准追逐打闹。检查员要严格检查。

2. 不到光线黑暗的地方去，以防发生危险。

3. 不准到厕所聚堆干违法乱纪的事情：打架、抽烟、带手机拍照……

4. 不准乱窜班级，不无故到别的班级去，影响别班的学习和纪律。

5. 班干部要时刻留意班级的动向，关注特殊同学的动向。

（十八）晚休

1. 晚休路队同早餐、午餐（带班老师必须跟随队伍后面，不能脱离，老师不来不准带队走）。

2. 回宿舍后抓紧时间洗漱，铃响后，迅速上床休息。

3. 保证晚休纪律，不影响他人休息。上床后一个小时内不准上厕所，特殊情况必须请假。

4. 晚休期间，不准随意起床，更不能大声喧哗，违反宿舍纪律。

5. 晚休期间不准打闹、抽烟、喝酒、吃方便面等，不能玩手机等违禁电子产品，更不能半夜在厕所里面开灯玩耍，一经发现，取消在校住宿资格。

6. 在校住宿，要尊重生活老师，不准无理取闹。

二、仪表常规

1. 平时在校期间穿校服，不穿奇装异服。

2. 不能佩戴项链、挂件、耳环（钉）等饰品。

3. 发饰要简单大方，不准烫发，不能佩戴奇异的发饰。

4. 刘海不能盖住眼睛，要显示少年的阳光活力。

5. 不留长指甲，更不准染指甲。

6. 平时要穿运动鞋，不准穿坡跟或是高跟鞋。

三、桌凳物品摆放常规

1. 桌凳要整齐划一，横看成行，竖看成列。

2. 离开座位，凳子要轻轻放到桌子底下。

3. 桌上物品摆放整齐，不能乱七八糟。

4. 自己的日常用品，如水杯等要放在规定的地方。

5. 课桌里的物品也要整齐有序，从外面不许看到有任何突出的地方。

示例

学生自管会检查评价扣分标准

（学生自主制定，仅供参考）

1. 楼内跑，下课集堆，乱串班，每人次扣2分。

2. 一般情况下，学生只准走规定楼门，禁止进文化长廊（特殊情况除外）。违者每人次扣5分。

3. 上下楼梯要轻声，违者每人次扣1分；楼内大声喧哗、追逐打闹，滑楼梯每人次扣3分。

4. 在校内吹口哨，骂人，说脏话，穿奇装异服，戴首饰，每人次扣2分；打架斗殴，欺负同学，视情节轻重扣5~10分。

5. 向别人强要钱物，每人次扣10分。

6. 破坏公物，包括教室、楼道、卫生区的公共设施，视情节轻重每人次扣4~8分。

7. 践踏草坪、攀折树木、私自攀登体育活动设施，每人次扣5分。

8. 升旗不穿校服，每人次扣1分；集会时交头接耳，每人次扣3~5分。

9. 不尊敬老师，顶撞、辱骂老师，每人次扣10分。

10. 迟到、旷课、早退，每人次扣3分；不按规定时间提前到校或者没按照规定办理请假手续的每人次扣5分。

11. 就餐时不排队、抢饭，或在餐桌前说笑、打闹，每人次扣3分。

12. 浪费粮食，不按规定要求倒剩饭、放餐具，每人次扣5分。

13. 课余时间看规定外的书刊，每人次扣5分，私自出校门，每人次扣20分。

14. 校内外吸烟、喝酒，私带手机、赌博及进行迷信活动，每人次扣20分。

15. 班级自习纪律混乱，给班级扣10分。

16. 不及时出操，故意不认真做操（含眼保健操），每人次扣3分。

17. 下午及上午预备铃集体起立，进行每日一歌班班唱，违者每次扣班集体10分。

18. 自行车摆放不整齐，或在校内外甬路骑车，每人次扣3分。

19. 路上不遵守交通规则，私自骑电动车，每人次扣5分。

20. 放学后没有关闭教室内电源、没锁教室门，每人次扣3分。

21. 检查中弄虚作假，或打击报复的，每人次扣30分。

22. 其他班主任直接找检查员或训斥其他班级检查员，每人次扣5分。

23. 在校内随手扔垃圾，每人次扣5分；楼道内吃零食，随地吐痰，每人次扣5分。

24. 卫生区纸屑一块扣1分，垃圾袋1只扣2分，其他杂物酌情扣1～2分，每天最高不超过10分。

25. 课桌、凳子、书籍、课本、扫帚、灰斗、窗帘整齐有序，否则酌情扣5～10分，每次最高不超过10分。

26. 楼道地面有垃圾，窗台、讲台有灰尘，清理不彻底，每次扣10分。

27. 垃圾箱清倒不及时每次扣3分。

28. 教室内外墙壁有乱写、乱画、乱踏和乱张贴现象每次扣5分。

29. 集体活动卫生不好的为班级扣5～15分。

30. 每周不定时组织一次班容班貌大检查，拒绝检查的班级以最低分计分。

31. 其他有关扣分标准以自管会干部例会上要求执行。

第五节　学校对“自主管理”的指导与评价

学生“自主管理”是本校学生管理的特色，也是最有效、最科学的学生管理形式。因为自主管理可以充分调动学生参与管理的内驱力，让学生体验到小主人的责任，从而大大提高管理的质量。为此学校也制定了班级自主管理相关指导意见。

一、自主管理目标

班级自主管理的目标是唤醒、发展学生的主体意识，其宗旨是以班级文化为载体，提供和创造学生主动成长的机会，以此来发展学生的个性特征，激发学生主体意识，鼓励学生创新精神，体现学生实践能力，让学生主动地去感知、体验、判断、认识、实践、成功与受挫，并在这一过程中实现自身综合素质的提高。

二、班级自主管理共同体的构建

班级自主管理共同体建设是一种人本管理的新体现，是指学生在管理过程中，围绕共同目标、共同理想等追求，相互之间尊敬、关心、宽容、理解，学习上共生共赢，不让一个人掉队的团队组织，其内涵比合作更丰富、更深刻。以“尊重”“目标”“责任”“关怀”“帮扶”“共赢”“反思”“竞争”为八个关键词构建班级自主管理共同体，探索有效的班级自主管理运行机制。

（一）尊重

尊重是班级自主管理的第一原则，没有尊重就没有教育。尊重包括自我尊重（如珍惜生命，尊重自己的尊严，尊重自己的权利与义务，要悦纳自己、喜欢自己、做最好的自己、不断完善自己等），尊重他人（如礼仪层面的尊重，语言层面的尊重，人格层面的尊重，内心对他人的认同、欣赏等），尊重外物（如爱惜物品，尊重它存在的价值，有序摆放等）。各班级要围绕“尊己”“尊人”“尊物”等内容开展主题班会，设计相关体验活动，为班级自主管理共同体的构建奠定坚实的基础。

（二）目标

各班级要围绕学校自主管理的总目标分别制定学生个人、小组、班级自管会、班级社团自主管理目标，学生个人根据自我反思制定日目标和学期目标；小组制定周目标和学期目标；自管会制定月目标和学期目标；班级社团制定学期目标。

（三）责任

责任主要包括对自己负责、对小组负责、对班级负责三个层面。学生自我责任可从认识自我、发展自我等方面着手培养，小组责任、班级责任可围绕责任目标、责任实践、责任评价等方面进行研究探索，班主任可根据班情、学情等适时组织“我怎样做才能对自己负责?”“我怎样做才能对小组负责?”“我怎样做才能对班级负责”等活动，展开讨论，在交流中明晰责任的内涵，体会责任的重要性。

（四）关怀

在班级自主管理共同体建设中，关怀是一种温暖，更是一种力量。班主任可采用创设情境法创设一定的艺术情境和现实情境，或采用榜样示范、情绪感染等方法，让学生感受来自同学、班级、老师的关怀。在此基础上，引领学生组织参与关爱活动，在关爱中体验关爱，传递关爱，做到知、情、意、行的有机融合。

（五）帮扶

帮扶是确保班级自主管理各成员之间齐头并进的一项有力措施。不管是什么类型的帮扶，班主任都要培训好组长，通过析原因、找症结、给方法等环节，提高组长的帮扶能力。帮扶前制定明确的目标和计划，确定帮扶的内容。经常召开小组长的座谈会，听取组长汇报，商讨解决在帮扶中遇到的困难，出点子，提要求，做他们的坚强后盾。多听取组员的意见和建议，鼓励小组个性化的帮扶活动或帮扶措施。在互帮互助中提高自己，愉悦他人，感受助人的快乐，增强小组、班级的凝聚力。

（六）共赢

共赢是实现班级自主管理共同体建设的终极目标。各班级要本着“优势互补，互相协作，共同提高”的原则，建立组内、组际成员之间多维度的互赖关系，充分发挥共同体成员的力量，以强带弱，探索发展“愿景引路—制度保障—组内推进—典型引路—组际联动—合作共赢”的班级自主管理实践模式，使资源共享、方法共享、成果共享、优势互补，实现“共享、共建、共赢”六字目标。

（七）反思

反思犹如一面镜子，能帮助学生清晰地认识自己，理解自己，并在此基础上实现自我更新和重建，从而提高自我管理的水平。各层级自管组织都要建立“自主管理反思日志”，定期召开反思交流会，通过周总结、月评价将反思落到实处。

（八）竞争

班主任要认真研究各自管组织的建设，做到科学分组，确保组间实力均衡，让竞争公平透明。制定完善的小组竞争评价机制，每天一公布，每周一评价，每月一总结，及时表彰先进，鞭策后进，让竞争充满活力。

三、组织机构建设

（一）设置班级“自管会”

班级自管会下设多个自管会委员，包括学习委员、卫生委员、纪律委员、课程委员、文娱委员、科技委员等，分工管理班级的整体工作。自管会的管理内容大致有：生活管理、班务管理、行为习惯管理、学习管理等方面。

（二）推行小组自治管理

班级自管会下面设置小组自管会，采取组内异质、组间同质的方法分组，小组长为小组委员长，组员为小组委员，每组设立不同的职务，每个组员可以身兼多职。有多少个学生设立多少个岗位，有多少个岗设立多少个职位，事事有人管，人人有事做，岗岗有人查，使每名学生的特点都得到发挥，创建群体管理方式，形成一种人人平等，人人有责，相互牵制，相互竞争，相互促进，相互交融的良好机制。

（三）设立班级社团

学生根据自己的兴趣爱好，自由结合，组建班级社团，如安全社团、法制教育社团、四德社团、爱心社团、义工社团等，定期开展相应活动。

四、管理与评价

班主任牵头，根据本班的实际制定三级管理职责，即：自管委员会职责、小组自主管理工作职责、班级社团自主管理职责。班主任要监督调控管理过程，牵头制定对委员长、小组长、组员、团长等的评价细则。

（一）以班级文化建设为总抓手

1. 班级环境文化建设

班主任要充分发挥全体学生的个性、特长、群策群力，有效运用教室的空间资源，精心布置教室，既要温馨舒适，又要催人奋进，使教室的每一面墙壁、每一个角落都会说话，培养学生正确的审美情趣，突出独特的文化内涵，创设具有教育性、开放性、生动性的环境文化，对于陶冶学生的情操，激活学生的思维，融合师生的情感有着巨大的积极作用。

2. 班级精神文化建设

班级的精神文化是班级文化建设的灵魂，也是班级自主管理的精神内核。班主任要用心撰写班主任寄语，扮新扮靓文化橱窗，集思广益确立班级精神，设计班徽制定班训，编写班歌等，让精神文化无声无息地浸润学生的心田。

3. 班级制度文化建设

班级制度文化建设是学生自主管理的依据，也是班级实现自主管理的主要武器，好的制度可以让班级充满活力，完善的制度可以使学生自主管理有章可循、有法可依。各班要依据学校的规章制度结合本班情况因地制宜地制定班级的个性化规章制度，比如《班级公约》《班级卫生值日制度》《班级合唱制度《班级奖惩制度》《班级晨会制度》等一系列体现学生自主管理的班级制度，让这些制度取之于学生，用之于学生，提高学生当家作主的主人翁意识，同时使班级的规章更合理、纪律更严明、管理更科学。

（二）以督导评价为保障

1. 日晨会

班级日晨会不仅要确保时间，还要从内容上、备课上进行规范，面向全体学生，抓住困扰班级自主管理的核心问题，结合学生表现出来的共性问题，有序列、有针对性地进行。班主任要善于利用晨会这一平台，提高自管会、小组长和社团的自主管理能力。

2. 周总结

每周一班会课班主任对本周的班级自主管理工作进行总结，指出存在问题，指明努力方向，营造浓厚的自主管理氛围，为月评价奠定基础。

3. 月评价

班主任要明确每个岗位的职责、权限、范围、督查办法等，根据日评价、周总结，汇总评选出本月自主管理先进委员、优秀组长、优秀部、优秀团等。

（三）以反思为后盾

对于班级自主管理的各级组织实行定期反思制，每名学生实行日反思，自治小组、班级社团实行"周反思制"，班级自管会实行"月反思制"。并且不断创新反思的内容与形式，为班级自主管理和学生的自我管理奠定坚实的思想基础和物质基础。每个职位、每个学生每周要对自己的岗位职责履行等情况进行自查自纠，寻找更科学、更有效的管理方法，以便更加优质高效地开展工作。

示 例

班级自主管理评价标准

为了充分调动班主任、自管会、自管小组、学生个人在班级自主管理工作中的积极性，现制定班级自主管理评价标准。遵循发展性评价、多元化评价、层次化评价的原则，充分发挥评价的引领作用，突出评价在班级自主管理中的改进、鼓励、调节功能，促进班级自主管理的内涵发展和个性发展。

评价指标		评价方式	赋分办法	实际得分
一级指标	二级指标			
自主管理目标（10分）	月目标(3分) 学期目标(3分) 学年目标(4分)	查阅班级自主管理实施细则、班主任手册、查看文化橱窗	目标齐全、有操作性、阶梯性、针对性，赋10分，空洞杂乱酌情扣分	

续表

评价指标		评价方式	赋分办法	实际得分
一级指标	二级指标			
班级共同体建设（40分）	尊重（5分） 目标（5分） 责任（5分） 关怀（5分） 帮扶（5分） 共赢（5分） 反思（5分） 竞争（5分）	主题班会课 活动现场 活动材料	能根据班级实际情况围绕八个关键词开展相应的体验活动，根据活动的特色、实效、个性等赋分，每项满分为5分	
组织机构建设（14分）	班级自管会（5分） 自治小组（5分） 班级社团（4分）	查阅各类名单、分工职责、活动记录等文字图片材料、学生座谈或问卷	机构健全，责任明确，定期开展活动，记录翔实，赋12分。有创新之处的再加1～2分	
管理与评价（36分）	计划（月计划、学期计划、学年计划）（6分）	查看班级自主管理实施细则及计划的落实情况	措施得力，方法独到，可操作性强，赋6分，否则酌情扣分	
	班级文化（环境、精神、制度）（6分）	查看学生精神面貌、行为习惯、班容班貌、规章制度等	班级洁净、无异味、秩序井然、学生讲文明、讲礼仪，赋6分，达不到标准的酌情扣分	
	学生干部的培养（6分）	查看班主任工作手册中对学生干部的培训指导情况以及学生干部的实际工作能力	跟踪培训指导记录翔实，措施得力，干部工作能力强的，赋6分，否则酌情扣分	
	督导力度（日晨会、周总结、月评价）（6分）	学生会检查 主题班会备课 德育工作实录 评价的过程性材料	班主任督导及时，有力度，备课、实录、过程性材料、组织形式等方面具体详实有创新之处的赋6分	
	反思情况（日反思、周反思、月反思）（6分）	查看个人日反思 小组社团周反思 自管会月反思	按时反思，类型齐全，内容翔实，有创新之处的赋6分	
	问题学生教育和转化（6分）	查看班主任工作手册问题学生的教育转化记录以及班级问题学生的实际表现	教育转化问题学生的记录翔实，措施得当，转化效果明显的赋6分，否则酌情扣分	

关于学生违规违纪行为及偶发事件的处理办法(试行)

<table>
<tr><th>违规违纪或偶发事件</th><th>处理办法</th><th>备注</th></tr>
<tr><td>没完成作业</td><td>1. 必须先摸清学生的特点再选择适当的教育方式；
2. 有特殊原因(生病或家中有事)：查实后利用课间补齐；
3. 不会做：教师讲清楚后补上；
4. 无故不做：应先进行必要的教育，让其端正学习态度，再利用休息时间补齐。</td><td rowspan="4">出现情况“2”“3”不准叫家长到学校，出现情况“4”“5”“6”可通知家长，争取配合。对于批评教育无效、屡教不改者可以叫家长到学校解决问题。
教师不准因此与学生或家长发生冲突，若发生冲突，级部主任应及时进行协调处理。</td></tr>
<tr><td>抄袭作业</td><td>5. 对抄袭作业者应及时制止，批评指正进行诚信教育，再让同组同桌监督。</td></tr>
<tr><td>考试作弊</td><td>6. 对考试作弊者应及时制止，批评指正进行诚信教育，再让同组同桌监督。</td></tr>
<tr><td>家庭作业未签字</td><td>7. 作业因家长未签字的可联系家长问清原因，不得撵学生回家签字，耽误上课。</td></tr>
<tr><td>上课说话、做小动作</td><td>1. 让组长监督，及时提醒；
2. 任课教师及时提醒，课后进行个别谈话，必要时可与班主任沟通，共商处理办法；
3. 利用小组管理及分数评价，以小组力量规范个人行为。</td><td rowspan="2">不准逐出门外，不准不让学生上课，可与家长沟通。屡教不改者和故意扰乱者可视情节轻重采取叫家长到校解决问题或陪同听课等措施。</td></tr>
<tr><td>故意扰乱课堂秩序</td><td>课堂上及时制止，课后批评教育使其认识危害，经教育不能改正者可与家长沟通，共商教育方法。</td></tr>
<tr><td>晚休时窜宿舍或说话</td><td>1. 发现后生活老师先制止再批评教育，保障当晚宿舍秩序；
2. 班主任找其谈话，进行纪律教育；
3. 宿舍长监督、检查员监控。</td><td rowspan="2">初犯不准撵回家反省，可以打电话、发信息通知家长。影响他人休息，屡教不改者由级部向学校汇报后再决定给予取消住宿资格等处分。</td></tr>
<tr><td>晚休时在床上吃东西</td><td>1. 发现后将食物没收；
2. 生活老师教育学生，指明睡前吃零食的危害；
3. 班主任找其谈话，进行必要教育；
4. 宿舍长监督、检查员监控。</td></tr>
<tr><td>拿手机上网聊天玩游戏等</td><td>1. 没收手机；
2. 班主任找其谈话，进行必要教育；
3. 与家长取得联系，将手机还给家长，说服家长不准让学生再带手机；
4. 同组、同宿舍的同学监督。</td><td>初犯不准撵回家反省，可以打电话、发信息通知家长。影响他人休息，屡教不改者由级部向学校汇报后再决定给予取消住宿资格等处分。</td></tr>
</table>

续表

违规违纪或偶发事件	处理办法	备注
身体不适出现病症	1. 一般病症先让学生陪同去医务室,经医生确诊处理后再根据情况通知家长或去医院; 2. 急症危症不要去医务室,直接叫救护车,班主任亲自护送至医院,并在第一时间通知家长。	不准私自给学生用药或采取一些不科学的手段。
在校园内意外摔伤或划伤	1. 在校园内意外摔伤或划伤的,教师、班主任要对学生进行心理安慰,当时或事后给家长说清原因; 2. 伤势较轻时班主任应安排专人护送学生到医务室包扎治疗; 3. 伤势较重时班主任应亲自护送学生到医院治疗,特别严重时应立即拨打120,并在第一时间内亲自通知家长。	
私自离校	1. 每节课前,特别是每天早晨、中午等时段,上课教师必须清点人数,若有缺席在第一时间通知班主任、级部主任; 2. 班主任先在校内查找,核实是否在校; 3. 确认校园内找不到人,询问家长孩子是否来校或是否回家,告知家长孩子离校的实情。班主任安排专人到校外寻找孩子,不得让学生独立到校外寻找; 4. 离校超过半天未归者,级部应安排教师协同家长到校外进行寻找; 5. 回校后询问离校的原因,跟学生分析私自离校的危害,根据事情的严重程度给予相应的处分(如做检查、通报、警告、记过等); 6. 对于情形极其恶劣,屡教不改者或两次出现离校事件的现象,应上报学校,由学校和级部研究决定取消住宿资格或劝其转走读。	与家长共同分析离校原因,共同教育。
损坏公物	1. 无意损坏主动承认的,按损坏公物赔偿的有关规定执行; 2. 不主动承认,被检举揭发的加倍赔偿,班主任进行相关教育; 3. 故意损坏公物者,班主任进行批评教育,五倍赔偿并给予相应地处分(如做检查、通报、警告、记过等); 4. 赔偿款应及时上交学校财务,并通知校产管理人员进行维修。	与综合素养评价挂钩。

续表

违规违纪 或偶发事件	处理办法	备注
私带 管制器具	1. 在第一时间内没收； 2. 与家长联系，说明情况，指出危害，将管制器具交家长处理； 3. 对学生进行相关法律知识教育； 4. 在班内检查，让全班同学监督； 5. 根据情况给予通报、警告、记过等处分； 6. 综合素养评价降档。	若是再犯，由学校出面向派出所报备并协同教育。
顶撞辱骂 老师 学生干部等	1. 批评教育，在班里做检查； 2. 教师要保持冷静，不能有过激的言行； 3. 给老师或学生干部赔礼道歉，并写出保证书由家长签字； 4. 综合素质降档处理。	若是辱骂老师，给予相应处分。情节特别严重的家长陪同孩子一起给老师道歉，综合素质评价为 D 档。
早恋现象	1. 找双方个别谈话，注意保护学生的隐私，选择合适时机与家长沟通，共商对策； 2. 指明早恋的危害，冷静客观地处理； 3. 给予改正的机会，如再有违反，与家长再度协商，寻求更好的策略。	不要过分地夸张事态，不要到处宣扬。
逆反	1. 明确青春期逆反是一种正常的现象，调查逆反的原因采取对策； 2. 班主任或任课老师要耐心地做好学生的思想工作。	不要一味地批评指责，不要不分青红皂白一棍子打死，也不要视而不见。
厌学、旷课、 上课不进 教室等	1. 先了解学生学情，找出厌学的原因； 2. 班主任、任课教师再有针对性地进行心理疏导和帮扶； 3. 班主任指定班干部、小组长、同学等进行帮助； 4. 关注家庭教育，与家长保持联系和沟通，给家长提出自己的看法建议； 5. 教育无效，仍不进教室或旷课者与家长签订协议，分清责任以免发生不安全事故； 6. 必要时劝其休学，找心理医生治疗。	学生有心理问题的，教师教育教学过程中不能有过激的语言和行为。
打仗斗殴 找社会 人员参与	1. 情节一般的先及时制止然后进行批评教育； 2. 情节恶劣或找社会人员参与的除采取上述措施外，还要给予全校通报、记过、记大过、留校察看等处分，综合素质评价为 D 档（不能毕业）。	打仗中若有伤残要根据医院证明或相关部门的鉴定进行赔偿，学校力所不能及时让其双方家长走法律程序。社会参与人员通过法律途径解决。

续表

违规违纪或偶发事件	处理办法	备注
偷盗他人财物向弱者敲诈勒索	1. 一经查实，批评教育，指出危害； 2. 退还偷盗或敲诈财物并向对方赔礼道歉； 3. 重犯者应在班级内做检查并给予相应处分，与综合素质评价挂钩。	情节恶劣的上报学校，由学校研究解决和处理办法。
穿奇装异服	1. 班主任找其谈话进行文明礼仪教育； 2. 及时换下奇异服饰，通知家长，取得配合。	教师应避免大庭广众之下教育呵斥。
留奇发怪发长发	1. 班主任找其谈话进行文明礼仪教育； 2. 让其利用双休时间到理发店改变发型。	
在公寓使用私用电器使用桶装净化水洗涮等	1. 生活老师及时制止并进行批评教育，没收电器； 2. 不听生活老师管教或再犯者，由班主任教育； 3. 向生活老师认错道歉，在班内做检查。	
在校内吸烟	1. 一经发现，先没收香烟、火机等； 2. 班主任批评教育，指明危害； 3. 在同学之间、小组成员之间建立监督举报机制。	屡教不改者给予警告、留校察看、取消住宿资格等处分
乱写乱画（划）	1. 发现后班主任先批评教育指出危害； 2. 通知家长来校一起擦去乱涂乱画的内容； 3. 根据留下的划痕情况让其进行维修等； 4. 全班做检查。	
有低级下流的言行	1. 发现后立即制止； 2. 班主任或任课教师批评教育； 3. 给予相应处分（通报、记过等）。	
对待特殊学生、特殊家长	1. 每学年开学第一天级部主任必须将本级部的特殊学生、特殊家长、特殊家庭通知全体班主任、任课教师，让班主任和任课教师做到心中有数，避免冲突； 2. 任课老师与特殊学生、特殊家长发生争执时，要冷静处理，应对不了时，一定在第一时间内向级部主任汇报，避免矛盾激化； 3. 遇到家长到校闹事，级部主任先安排当事教师避开，避免家长与当事教师直接冲突。级部主任劝其家长冷静，再妥善处理。	出现“2”“3”情况，任何人不得有过激行为，级部解决不了时再移交学校。

总之，学校需要根据不同的管理单位将自管细分为小组自管、班级自管和级部自管。为了提高小组的凝聚力，增强“组荣我荣、组衰我耻”的团队意识，真正调动起每名学生为自己的发展负责的积极性，小组自管的特征是全员参与，各班级在实施小组自管时，可以将各组分担的任务或管理岗位进行细化分解，每人承担一部分管理责任，组内建立起相应的激励评价制度，促进组员积极为本组做出贡献。班级自管会会将每周优秀的小组照相并张贴于文化墙上，每月累积三周被评为班级优秀小组的由级部照相，并展示在级部自主管理专栏中。为了集体创优，各小组充分利用每日反思和每日晨会的机会，集体批阅落后个人的反思，跟踪整改个人问题，集体研讨小组改进的措施，相互提醒警示、相互合作完善，组内形成不甘落后、人人争先的良好局面。在小组自管的基础上，班级实行班级自主管理。体现出“人人有事做，事事能做好”的民主管理思想。为了引进班级自管的竞争力，班级实施两套自管会组织轮岗制，单双周交替管理，共同执行班级制定的各种自管细则，由全体学生对两组自管情况和自管能力进行评价。这样不仅调动了每组自管会成员的积极性，而且有效促进了管理的质量，提升了自管成员的素质。为了推动班级自管研究走向深入，促进各班在实施班级自管方面的均衡发展，级部每月组织开展班级自管研讨活动，组织班主任交流班级自管的心得感受，集中探讨班级自管中出现的问题；级部借开班主任专题会议之机集中组织班级自管观摩活动，如班级合唱观摩、自习课观摩、班会观摩、班级文化观摩等。通过研讨活动和观摩活动，学校在班级自管方面梳理出了许多优秀做法。各班级班风正，学风浓，各班自主管理发展均衡，教室及走廊文化建设成为亮丽的风景。在级部中大力推行级部自管责任制。级部首先选聘5名学生自管会部长组成级部自管委员会，直接受级部副主任和首席班主任的领导。再由自管委员会牵头在各班级推荐的优秀干部中自主选聘5～10名成员，组建起年级卫生部、生活部、纪检部、活动部四个自管会组织，下设组长和成员。然后各部在自管委员和组长带领下民主制定岗位职责和评价细则，由级部副主任和首席班主任提出修改意见，各部委修改后传达给班级班长后执行。5名自管委员会委员宏观评价各部履职情况，对给岗位自管情况进行指导。每天检查组将检查数据进行汇总，及时张贴于级部自主管理宣传栏中。每周各委员和组长要召集各部成员进行工作总结和点评。级部副主任和首席班主任定期参加各部会议，对岗位形象、执法标准提出具体要求。每月级部对各部委进行总结评价一次，评选出文明自管岗位和优秀自管干部，在级部中进行表彰；对个别不适合留在级部自管会的成员，坚决撤换。三级学生自管制度，实现了学生管理的全方位覆盖，大大提高了学生参与民主管理的热情，促进了学生规范意识的提高，保证了学生时时处处呈现出稳定有序、文明向上的良好风气。

第六节　学生自我反思的探索实践

没有反思就没有教育，没有反思就没有学生的自主管理。一只鸡蛋从外面打破，那是食物，如果从内部打破那就是新生。反思就是给学生提供一个让他们自己破壳重生的机会，让他们自己积聚能量，自己激发生命的张力，从而改变他们的灵魂。我们采取每生日反思、小组社团周反思和班级“自管会”月反思等不同层面的反思，为自主管理提供坚实的思想基础。

一、学生日反思

学生日反思最初是从2005年开始的，至今已走过了十多个年头，经历了四个阶段的变化，由最初的提纲反思、命题反思变成主题反思，最终发展成个性化反思。

1．提纲反思

如：你今天的言行举止符合《中学生日常行为规范》的要求吗？你今天是否有乱花钱、浪费饭菜的现象？你今天的午休、晚休按时休息了吗？你今天与同学之间做到团结互助了吗？你为小组争得了什么荣誉？你今天有无追逐打闹、大声喧哗的现象？明天，你打算在哪些方面做得更优秀等。最初贴在宿舍的床铺上，每晚入睡前进行面壁反思，后来贴到桌子左上角，如果做到了就划“√”。

2．命题反思

针对班级出现的某些不良行为、现象，根据指定的话题进行反思，如说谎了、打架了，就以“诚信”“礼让”为题进行命题反思。

3．主题反思

根据常规月主题而定，如：文明礼貌月、讲秩序守纪律月等，据此确定反思主题。

4．个性化反思

反思内容因人而异，包括学生的所见所闻、所思所想、成长困惑、问题归因、现象剖析、道德求助及心理调控等，形式不拘，内容不限。

学生的日反思本每周都带回家，家长根据孩子的反思情况，把要说的话写下来，有时候跟孩子说，有时候跟班主任说。太多太多的孩子在反思本上写下了发自内心的，让家长、班主任、老师感动的话，我们的反思在不经意间又增添了一个新功能——成为家校沟通、亲子沟通的桥梁。

二、小组、社团周反思

每个班级每周都根据综合素养条形统计图评先选优，优胜小组进行“让小组因我的存在而自豪”周反思，并在周一的班会上进行优胜小组经验交流，全组成员都要上台，旨在强化不同层次学生的闪光点，既能让方法经验共享，也是表扬先进、激励后进的一大保障，其他小组成员也效仿学习。班中形成组间竞赛，组内创优的良好局面，加之班主任的因势利导，团结正气、阳光向上的班级精神蔚然成风。

此外，学生根据自己的兴趣爱好，自由结合，组建班级社团，如安全社团、法制教育社团、班级形象社团（桌洞管理员、行李箱管理员）、爱心社团、义工社团（门、窗、灯、桌凳管理员）等，每周社长、副社长都要根据社团的开展情况进行书面反思或口头反思。

三、两级自管会月反思

两级自管会指的是级部自管会和班级自管会。这两级自管会分别设主任、副主任及多个自管会委员（学习委员、卫生委员、纪律委员、课程委员、文娱委员、科技委员）分工管理班级的整体工作。自管会的管理内容大致有：生活管理、班务管理、行为习惯管理、学习管理等方面。自管会主任、副主任、委员每月进行述职反思，校学生自管会、级部领导、首席班主任、班主任代表参加反思交流会，对班级、级部的自主管理工作进行评价。

学校非常重视反思。为了把反思教育落到实处，每天晚自习前拿出 10 ~ 15 分钟写反思，每学期末组织专人进行检查（数本数、看质量、看班主任的批改互动情况），挑选优秀的反思本展示、推介、结集，把反思教育作为评价班级的一项重要内容。

小小一本反思本，承载了太多的内容和情感，不仅起到了自省自教的作用，而且沟通了师生之间、亲子之间的心灵。小小一本反思本，得到了中宣部、《人民教育》报社、省教育厅、省关工委、烟台关工委、烟台教育局、1751 课题组以及众多参观学习的领导老师们的高度认可和推崇。小小一本反思本，让我校的自主管理迈上了新台阶、达到了新高度。

第七节　学生“自主管理”实践的班级经验分享

【一】中学段

一、培养一批得力的好干部——实行班级自管会轮岗制

（一）班级自管会的建立

在开学初期一般采用职位沿袭制和临时任命制相结合的方法，选取几名同学成立临时自管会，然后两周后从他们中竞选产生班级自管会主任。接下来由他（她）组阁，按小组数平均划分，提出两套自管会副主任和部长的预备人选，经过竞选后上任，采取班级自管轮岗制。每套自管会负责管理班级一个单元周的时间，在值周的这段时间内，负责班级的学习、卫生、纪律、活动等方面，依据班规对班级进行管理评价，并在下周一的晨会上进行总结，值周期间的值日班主任也是由这几个组通过竞争担任。单元周结束换岗时，由自管会主任和另组自管会的同学进行考评，将全员参与的程度直接纳入小组综合评价。班主任对值周过程中的优缺点，提出改进意见。对值日过程中表现突出的小组进行星级表扬，并拍照留念。这样不仅调动了每组自管会成员的积极性，而且有效地促进了管理的质量。

组建班级自管会，只是工作的刚刚开始。自管会的干部需要有一定的工作能力，班级的工作负担才能够真正减轻。作为班主任，在实行班级自主管理时要注意培养班级自管会这支队伍，为他们当好后盾、顾问、导演，使学生的能力越来越强。

（二）自管会干部的培养

对班干部的培养一般采取“三步走”的策略，即“扶着走，领着走，放开走”。

1. 扶着走

自管会成立初期，要放手让他们去大胆尝试，从每个“第一次”做起：例如第一次晨会，我们要让自管会主任和值日生谈谈在这短短的五分钟时间里，他们计划从哪些方面组织，然后老师加以指导。慢慢地形成了班级晨会的固定模式：值日生总结前一天的优点，针对出现的问题提出当天的具体要求，然后自管会主任或班主任再进行补充或点评。第一次主题班会，要根据班会主题，提出自管会的整体设想，然后班主任再帮助他们完善每个环节，课件应当怎么做，那些需要提前做好准备。第一次卫生

大扫除，自管会负责的同学会拿出他们的分工方案及检查细则，然后由班主任帮助改进，指出哪些地方容易成为卫生死角，哪些地方应该重点清扫。第一次和个别同学谈话，班主任要让自管会干部先将谈话原因说明白，然后请他分析要谈话的这位同学的自身特点、出现问题的原因、想采取什么措施，怎么和同学去交流，然后班主任尽可能多地帮他想出谈话过程中可能遇到的情况及应对措施。这些第一次的成功对班干部的成长是至关重要的。

自管会成立初期，班主任应注重言传身教，做好示范，班主任要当好“拐杖”，帮助和指导班干部弄清应该干什么，怎么干，让学生明确自己在班级中的地位和工作的基本方法。

2. 领着走

当自管会成员有了一定的工作经验时，我们就应该由扶着走改为领着走。就像刚学走路的孩子，即使走得歪歪扭扭也要尽量坚持让他以自己为主。此时，班主任要采取各种措施，帮助树立班干部的威信，让学生尊重班干部，并且适时地为班干部进行事前的点拨、指导和事后的分析、总结，还要经常性地组织自管会各部的经验交流会，让大家分享成功的经验和喜悦，查找工作中的不足，以便更好地开展下一阶段的工作。

3. 放开走

随着班级工作的开展，自管会成员已经熟悉了岗位职责，在班级管理中的绝大多数时间，我们要给予班干部充分的信任，完全放手让他们自己去发挥，为他们创造机会，让他们到实际工作中去锻炼、完善自我。

当然，对班干部的培养方式也是多种多样的，可以集体培训，也可以一对一培训，必要的时候还可以进行书面培训、现场培训。得力的班干部队伍使我们的班级管理工作越来越轻松，管理水平提高的同时也带动了其他能力的提升，使学生在课堂上的能力也越来越精彩。

没有人天生就是做干部的料，每个人都可以通过岗位实践得到锻炼。所以我们应该把对学生干部的培养放在育人的高度，对干部的培养应该着眼于全体学生，要让更多的学生从后台走出来。

二、让每个学生都成为班级的管理者——小组自管全员参与

自管会是班级的常务管理团队，这些成员大多是品学兼优的学生，为了给每个同学提供锻炼的机会，在对全班进行合理分组的前提下，加强小组自管。

开学初，我们在班级的 14 个小组，通过民主推选品学兼优的学生任命为总组长，然后推选常规组长、学习组长等，使每个学生都有一定的组内职务。组长负责组内各项活动的开展，组员互相监督检查，制订出小组规划，建好小组文化。平时注重落实“兵教兵，兵管兵”的小组自治观念，强调学生注意小组成员间的团结协作，坚持使用小组综合“捆绑”评价的管理办法，使班内学生乐于参与班级管理。结合小组和同学的卫生、学习、纪律和班级活动等积分情况，每单元周进行一次评比，评出小组自管最佳组、最佳组长、最佳组员。

（一）岗位责任制

为了充分调动学生的积极性，增强责任意识，我们在尽可能多地细化班级管理岗位的基础上，大力强化岗位责任制，并建立起相应的激励评价制度。班级的每一扇门、每一样物品、每一件工作都有专人负责，对组长、课代表、各岗位专职人员都制定了明确、具体的职责要求，并且每一个岗位都有专门的自管会委员进行检查评估。明确的岗位职责，促进了责任意识的形成，也使我们的孩子从管理层面加深了对“责任”的理解。同学们知责任、明责任、负责任，突出了普通学生参与班级管理的意识，淡化了班主任的事务性管理职能，逐步实现了学生的自我教育、相互管理的自主性。

（二）团队评价制

为真正调动起每名学生为自己的发展负责的积极性，班级设立了班级团队合作竞争机制。开学初将教室划分为 14 块“区域”，每一块区域就是一个“小组王国”，小组在这块区域中有完全的自主权——座位的安排、同桌的选择都在小组长的领导下自行决定。本“小组王国”最终位于教室的哪一块，就要靠全体成员共同努力竞争获得。竞争的评价依据，就是小组每个单元周的分数，分数领先的有优先选择权。为了促进学生的全面发展，我们巧妙地把座位选择权的竞争转化为了小组综合实力的竞争，通过这样的竞争机制，激发了每一名学生的团队荣誉感和自尊感，使座位的竞争和流动成为学生才能展示和情感表达的契机。类似这样的转化评价机制都尽可能地往团队评价上引导。

为了集体创优，对每周综合排名后三名的小组，更需要积极采取帮扶措施。如：落后小组每天利用反思或晨会的时间，集体批阅落后个人的反思，跟踪整改个人存在的问题，集体研讨小组改进的措施，相互提醒警示、相互合作完善。在周末放学后召开小组会议，然后选出代表周末回家写出书面反思，周一班会交流改进措施。其他组同学和老师共同帮助他们出谋划策，组间、组内形成不甘落后、人人争先的良好局面。当然，每个周的小组评价结果在分类确定各档次所占的比例后也对应在个人综合素质评价中加减分。类似这种开放式的“座位安排”策略从很大程度上调动了孩子们的积极性，外部的选择靠实力，内部的协调靠智慧，这一“收”一“放”使想要争取好座位的孩子们的团队创造力得到了充分的展示，自主管理能力也得到很大的提升。

三、反思是进步的阶梯——个人每日反思制

改进每日反思内容，提高小组个人反思能力。本学期我们全校进行了每日反思的内容改革与规范，内容定为“今日总结、最大收获、自我反思和明日计划”四个核心版块。“今日总结”主要回顾一天中经历的学习、思想、活动及做人品质与人沟通方面等情况；“最大收获”就是针对以上活动或情况让自己心情愉悦或得到别人认可、受到老师表扬的收获；“自我反思”则是反思自己今天做得不够好的，或者自己不满意，以后可以更好的事情；“明日计划”则是针对问题和不足进行的计划打算和要采取的措施。这些要求也会在班主任工作会议中具体布置，认真落实。

学校为提高小组管理能力，在个人反思开展的同时，还定期开展了小组自主管理周反思。每个组长除个人反思本之外，学校还统一发了小组周反思本，进行每周一次的小组管理周反思，专门记录小组内的亮点经验、问题不足、改进措施、方法策略等。班级结合综合素养评价，评选周优胜小组，评价之后开展小组周反思、月评价活动，并将优胜小组与综合素养评价张贴于走廊橱窗内，并让每周公示结果与接送孩子的家长见面（每人一张印发，学生的周评价包含常规及学习各方面的明细得分，小组对本人的优缺点评语，本人的整改措施等）。

【二】小学段

一、让学生自己定规矩，明确奋斗目标

新学期的第一个班会上，我做的第一件事是消除歧视。让每一名学生都知道：在新的学期中，老师不看你的成绩，而是看你的进步；不看你最后的结果，而是看你的每一天努力的过程。老师会对所有学生一视同仁，从进新的班级起，每一个人都站在同一起跑线上，每个人都是最棒的。在此基础上，我和全体同学一起制定出班训：我认真，我优秀，我努力，我最棒”，让每一个学生明确其内涵，并把它作为板报的主题张贴在教室内。

然后我们重温了学校的六大常规和小学生日常行为规范，并据它们制定了详尽的班级常规管理规定，这些规定涉及六大常规的方方面面，既全且细，使同学们的行为处处有规范可依，明确应该做什么，怎样去做。如做值日，什么时间到岗，值日范围与分工，值日清扫的标准等。

然后让每个小组讨论制定自己小组的组规，如：1. 按时交作业，作业错题能及时改错；2. 上课不说话，不迟到，不被老师点名；3. 下课不在走廊里讲话，打闹；4. 做正当游戏。明确小组的奋斗目标，每个小组将本组成员的名单及小组目标张贴于教室墙上，如下表（空白处用于贴每个组员的评价星及小组的评价星）。

潇慧组	A　XXX	B　XXX	C　XXX	D　XXX
潇慧潇慧，小小智慧，争个第一，不成问题！				

二、建立公平合理的班级管理制度

一套公平合理的班级管理制度是每个班级成员都能参与班级自主管理的基本保证。其基本原则就是"人人有岗，各司其职"。在班级中设立了以下自管会岗位：

1. 常务班委

由常务班长3名、卫生委员2名、军体委员2名、学习委员2名组成。这些班干部是固定的。除负责本职工作外，还要对全班的各小组工作进行评价。

2. 值周班委

每周在班会上推选值周班长2名，由这2人负责班级的一周工作，对违纪情况做好记录，每天晨会时进行总结。保管与发放评价星，做统计数量、满十换星的工作。

3. 小组长

全班4人一组，共有11名小组长。负责本组4人的学习、纪律和卫生打扫。并有对其成员进行评价的权利，必要时可以对其成员进行家访，将小组成员的在校情况向其家长汇报。

4. 检查员

如：抽屉长：2名，负责检查同学抽屉。眼操长：1名，管理眼操。路队长：2名，检查路队纪律及带小黄帽等情况。学习物品摆放的督察员等，基本每人都有自己的检查任务。

三、完善监督及奖惩制度

由于学生年龄较小，缺乏耐心和毅力，而且威信与管理能力毕竟有限，几天实施下来，出现了不少问题。除了我发挥自己的主导作用，及时指导学生的工作外，我进一步完善了监督、奖惩制度。

1. 建立健全监督机制

在班内设立意见箱，对每一名班干部、每一名学生都可以进行监督，如果有不公正等问题，可以进行无记名提意见。由班主任每天亲自打开查看，并进行调查处理。这样，使学生在行使班级管理权力的同时，更体验到了一种责任，一种制约，一种监督，从而不断完善其工作。

2. 建立奖惩机制

任何一个组织没有奖励，只有惩罚那都是不得人心的。我打印了一些星星、月亮、太阳、钻石和皇冠的小标志。由值周班长和卫生委员等班干部及各组长，对每天学生的学习、纪律、卫生等的努力程度、积极性或结果进行奖励，如组长对扫地最积极，又干净又快的组员发 1 个星星等，而各组长由班干部直接奖励。这些“星星”就让学生存起来，存到 10 个星星可换 1 个月亮，10 个月亮换 1 个太阳，而小组中如果组员一共得到 10 个太阳，这个小组就获得一个钻石，10 个钻石换 1 个皇冠。到学期结束这个结果就直接作为评优的依据，如：得钻石最多的小组即为优秀小组，每人再多加一个太阳，而小组长即为校优秀干部。个人得星星最多的或进步最大的等即为优秀学生或进步学生，并适当发放奖品进行奖励。

3. 自我反思制度

同时在班中开展中“每月一反思”的活动，针对自己一月来的学习及各常规情况，对照自己的奋斗目标进行一次自我反思，围绕“我哪方面有所提高，还有哪些不足，下一阶段努力目标是什么”这几个问题进行自我评价。评价的目的是激励，让每个同学发现自己的长处，树立信心，同时也明白自己的短处，找出不足与差距，及时调整自己的学习状态。

数学告诉你，只要你每天坚持比别人多一点努力，你的人生将会大不同。

$$1.01^{365}=37.78$$

$$0.99^{365}=0.0255$$

一年以后你还是原地踏步，还是那个“1”；1.01 的 365 次方也就是说每天进步一点，一年以后，你将进步很大，远远大于“1”；0. 99 =1 -0. 01，也就是说你每天退步一点点，你将在一年以后，远远小于“1”，远远被人抛在后面，将会是“1”事无成。

$$1.02^{365}=1377.4$$

$$0.98^{365}=0.0006$$

经过一段时间的努力，全班学生的参与意识增强了，协调解决问题的能力也提高了，原来被管理的学生乐于参与班级管理工作和各项集体活动，树立了信心。现在班里事事有人管，人人有事干。每天早上走进教室，窗明几净，大部分学生在值周班长的指导、管理下有序地读书，老师不在的时候，同学们两操也能按时、整齐地进行。最大的改变是在值日情况上，值日管理员相当负责，每天不仅监督大家扫地，而且一定要到干净为止……

通过实践的检验，我体会到：只有信任学生，敢于放手，“把班级交给学生”，使每个学生都能参与到班级管理中去，才能让学生成为班级管理中的主人，才能使班主任工作做得舒心。

学生美德素养评价指标（参考）

项目	评价指标		
孝心	1. 尊敬父母，体谅父母，主动关心父母及长辈身体健康。	诚信	1. 讲信用，答应别人的事情要言而有信，说到做到。
	2. 有事与父母商量，征求父母的意见，不任性，不顶撞父母。		2. 说真话，不撒谎，有了错误主动承认并改正。
	3. 自己的事情自己做，每天自己整理书包、文具用品。		3. 不随便拿别人的东西，借东西要保护好并主动归还。
	4. 主动承担家务劳动，会收拾房间，叠被子整理床铺，能洗自己的衣服、鞋袜等。		4. 发现同学有不好行为及时规劝并报告老师。
	5. 经常探望（外）祖父母等老人。		5. 拾金不昧，捡到他人物品及时归还或交公。
	6. 努力学习，全面发展，为父母争光。荣获校级及以上荣誉称号或发表文章获奖。		6. 认真对待考试，不弄虚作假，不抄袭作业。

续表

项目	评价指标	项目	评价指标
爱心	1. 爱祖国。升降国旗肃立，行队礼或注目礼，大声演唱国歌；少先队员爱护并每天规范佩戴红领巾；关注时事，了解祖国发展大事；走访学习英模人物。	礼仪	1. 仪表整洁，言行举止文明。面必净，发必理，衣必整，钮必结；头容正，肩容平，胸容宽，背容直，站如松，坐如钟。不勾肩搭背，不打架骂人。
	2. 爱学校。积极参加学校活动，在比赛中成绩突出为校争光；在集体活动中顾全大局，团结合作。		2. 讲普通话，使用“请、您好、谢谢、对不起、没关系、不客气”等礼貌用语，对老师或参观访问的客人主动微笑问好。别人说话时认真倾听，不随意打断别人。
	3. 爱班级。积极参加班级组织的各项活动，为班级争光；同学之间合作愉快，维护集体荣誉，不给班级抹黑；不计较个人得失，遇到困难能以集体为重；同学间互帮、互助、互学、互进，不嘲笑辱骂同学，主动帮助有困难的同学，关心弱小同学；尊重老师，做好老师的小助手。		3. 尊敬老师和长辈，有事情及时和师长交流，不顶撞老师。 4. 进办公室或他人房间先敲门，经允许才进入，不干扰别人的工作和休息。
	4. 爱社会。主动参加社会公益活动，到社区服务，去敬老院献爱心等。		5. 乘车有序不争抢，主动给老、病、残、孕让座。
	5. 爱自然。爱护花草树木，不随意践踏草坪，不攀爬折损树木，积极参加植树造林		6. 参观旅游时，不在建筑物和文物上乱涂涂乱画。
勤俭	1. 节约水电，及时关闭水龙头、饮水机、电灯，家中废水做好循环使用。	责任	1. 班级工作尽职尽责，完成好自己的班务承包任务。
	2. 节约穿衣，不攀比，不追求华丽昂贵名牌，不过分打扮。		2. 每天按时值日，做到打扫得快而干净。
	3. 节约纸笔，爱惜学习用品，作业本不乱涂乱画，本子正反使用，倡导使用钢笔。		3. 爱护校园财物，不破坏公物，不乱刻乱画，发现破坏现象及时规劝并报告。
	4. 节约粮食，不挑食，杜绝剩饭剩菜，倡导“光盘”行动。		4. 爱护社会公共设施，发现安全隐患、危险的事情及时报告。
	5. 节约花钱。不带零花钱，不随便买零食。		5. 能为班级、级部或学校发展提合理化的建议和意见。

续表

项目	评价指标		
守纪	1. 教学楼内保持安静有序，不奔跑，不打闹。	安全	1. 遵守交通规则，红灯停，绿灯行 ，步行过马路时走斑马线。
	2. 乘车、就餐、做操、升旗、上放学、大型集会文明有序，快静齐。		2. 不做有危险的游戏，不到危险的地方。
	3. 上下楼梯轻声慢步靠右行，不拥挤，课间活动有秩序。		3. 升旗、做操、上放学严格按规定路线行走，不挤闹。
	4. 到专用教室上课排队有序等候。		4. 安全用电，不私自使用电器。
	5. 不打架，不骂人，遵守校规校纪。		5. 不坐三无（无牌、无证、无照）车辆。
	6. 文明如厕，不拥挤打闹。		6. 防溺水不玩火，学习自护自救知识，紧急情况下会求救，坚决远离毒品。
环保	1. 不乱扔垃圾，主动捡垃圾扔到垃圾箱。每次参加完活动能保持自己座位下或周边环境的整洁。	自强	1. 自尊、自爱、自律、自信，做事情有毅力、有决心，能持之以恒。
	2. 班级中自己的桌椅整齐有序，干净整洁。		2. 乐观开朗向上，坚持锻炼身体，生活方式健康，不吸烟不喝酒。
	3. 不随地吐痰，携带纸巾准备吐痰或擦鼻涕。		3. 学习勤奋努力，正确面对困难和挫折，自我比较进步大。
	4. 废旧电池分类回收。		4. 敢于挑战、创新，经常进行小实验、小发明、小创造，获得班级或学校表彰。

第八节　师生“自主管理”能力研究的部分成果

一、学生生活自理能力的培养

（一）意义与价值

生活自理能力是指个体自己承担或料理生活，使日常生活活动得以顺利完成的个性心理特征。生活自理能力可分为三个相互联系的部分：生活态度、生活习惯和生活技能。这是人最基本的素质，是人生的基础，是人之所以为人、人之所以能在世界上立脚的基础。生活自理能力是人生存与发展的基本能力，是孩子走向社会的必备能力。自理与依赖互为反义词。对孩子的一切事情包办代替，并不是在爱孩子，而是在害孩子。由此可见，对中学生的生活自理能力的培养，无论是对他们的成长还是对其未来的社会适应，都有十分重要的现实意义。

自理能力对一个孩子来说，是很重要的。孩子应该从小就会做一些力所能及的家务，做家务有好处的：它可以锻炼动手能力，灵活大脑，长期做家务会让孩子们的手更加灵巧，人也会更加勤劳。

（二）内容体系

生活自理能力是指人们在生活中自己照料自己的行为能力。微观上分析，包括以下几个方面：

1. 在生活上：能自主处理日常琐事，简单点说，就是我们通俗说的"衣食住行"四个方面，即"穿衣、饮食、居住和出行"。

2. 在人际关系上：能妥善处理人事关系，独立解决矛盾纠纷。

3. 在心态上：能独自承受各种压力，机智处理突发事件。

4. 在学习上：能独立思考，自主学习，主动发展。

5. 在社会中：能积极应对各种挑战，提升生存质量。

然而，现实生活中，许多爸爸妈妈都非常重视孩子的智力教育，望子成龙心切，却往往忽视了孩子的自理能力的培养。我国目前独生子女较多，对孩子溺爱的家庭又占大多数，过多的呵护、过度的包揽、过分的替代使得孩子的自理能力呈下降趋势。孩子自理能力的缺乏，直接阻碍他们的学习和行为习惯的形成，也造成孩子缺乏自信心。长此以往，这些孩子长大后连自己照顾自己都将成为问题，又怎能指望他们去照顾别人？更谈不上为祖国、为社会做出更大的贡献。所以，培养学生的自理能力迫在眉睫。

（三）方法与策略

1. 家庭层面：家庭是培养学生自理能力的主战场

学生有很大部分的时间在家里，应充分发挥家庭在培养学生自理能力的作用，特别是生活自理能力，可以这样说：家庭是培养学生生活自理能力的主战场。每学期，我要召开好几次家长会，指导他们，一定要坚守好这块阵地。做到"一要二反对"。一要，即要求孩子坚持自己的事情自己做。孩子的衣食住行，要教育引导他们自己照管。自己衣服自己洗、自己的碗筷自己洗涮、自己的房间自己整理、自己的物品自己添置、自己的人生自己规划。要有目的地给予一定机会，让孩子学做简单的饭菜，通过亲自操作，感悟生活，体会人生，锻炼和提高生活自理能力。二反对，其一反对"小皇帝"

式的家庭教育：当今家庭，独生子女较多，多数孩子倍受家长宠爱，一切生活事务均由家长或保姆包办，饭菜送到口，衣物送到手；早上端洗脸水，晚上盛洗脚水，早上呵着起床，晚上哄着睡觉。要钱给钱，要物给物，要玩让玩，毫无节制。有的家长竟然成了孩子的出气筒，这些孩子稍有不顺心，就冲着家长发脾气，一味娇生惯养。试想，这样的家庭教育，孩子的生活自理能力怎能不低呢？其二反对"放羊式"的家庭教育：这种教育表现在对孩子不加引导，任其发展，放任自流。致使孩子养成一些不良习惯，难以纠正。有的家长只顾挣钱，缺乏教育孩子的责任感，认为教育孩子是学校的事，完全寄希望于学校将孩子教育成一个优秀的学生，常常有家长这样讲：我的孩子在家里就是不听话，希望老师给管严点。这样撒手不管，只依靠学校，这不是孤掌难鸣吗？

2. 学校层面：学校教育是培养学生自理能力的前沿阵地

学校教育担负着培养社会所需各类人才的重要责任，要使学生成为现代社会所需的创造型人才、复合型人才，学校教育起着举足轻重的作用，要提高学生的生活自理能力，尤其寄宿制的学校教育更是责无旁贷。

（1）我的生活我打理

案例一

作为寄宿制学校，在一个干净、整洁的环境中就寝是所有家长、孩子的愿望。被子叠得方方正正、床铺整理得平平整整，这是对我们学校寝室的整体印象。但是在我们所看不到的背后，却隐藏着我们想不到的事情。每一次晚间进入宿舍，总是看到这样一种场景：孩子们坐在就近的下铺，边吃零食边谈笑风生，熄灯铃响后，不情愿地匆匆爬上床，根本不进行睡前洗漱，尤其袜子，从来不洗，总是将当天的臭袜子卷起来，随便一窝，装到皮箱里，周末带回家。我曾经调查了很多孩子，问题是：带回家的臭袜子谁洗？99%的孩子毫不犹豫地回答"妈妈洗"，并且自豪得意地告诉我：每周来上学，需要带5或6双新袜子，天天换新的，周末时全部带回家洗。经常和生活老师探讨：为什么孩子们在上床之前不刷牙？她告诉我：很多不刷牙的孩子在熄灯之后躺在被窝里偷着吃零食（包括面包、水果、奶等），有时吃着吃着就睡着了，哪有时间刷牙？早上从走廊走一圈，放眼望去，所有的宿舍地下瓜皮、纸屑、包装袋满地都是。

这就是我们所看不到，也最不愿意看的，但又是实实在在存在的一面，我们的孩子缺乏生活自理能力。一个初三的学生，连内裤袜子都不会洗，遇到问题就找妈妈，这样的孩子将来踏上社会后又是什么样子，我们不敢想象！

更有甚者，四年前，我曾接触过一个孩子，名叫小畏，父母做生意，常年不在家，他从小由保姆带大，从小就是一边看电视一边被喂饭，早上起床保姆负责给他穿衣服，初三了，一周只穿一套衣服，晚上睡觉从来不脱衣服，从来没有刷过牙，一年四季从来不穿袜子。他最经典的动作就是回到宿舍直接躺在床上，一句话也不说，把十个手指逐个放嘴里，用牙咬指甲盖，咬完了手指甲之后，再把腿慢慢地抬高，习惯性地把脚放进嘴里，逐个啃脚趾丫。我以人民的名义保证：这是真的。第一次看他这样，我的胃里都翻腾不成个了，大喝一声：“把脚拿下来!”这反倒把他吓了一跳。“老师，什么事?”他余意未尽地看着我。“你在干什么？脚干净吗?”他微微一笑，“老师，从小时候就这样，不啃睡不着觉。”后来，他妈妈说：“老师，真没办法，从小跟保姆长大，养成这样的习惯了，保姆对孩子的要求低，只要不哭，干什么都行。”

对于他，我是这样进行教育的：每晚回宿舍，安排专人监督他刷牙、洗脸、洗脚，完成之后，必须坐床上，双手捧一本名著，大声朗读，让全宿舍的孩子都听见，每晚读两页，我每天安排专人负责检查。经过两个多月的艰苦努力，终于使他过上了正常的生活。

对于孩子们生活自理能力低这一现状，我总是在深深思索着教育的对策：每接一批新生，我总是单独召开寄宿生学生会，男生和女生分开召开。先讲如何保证自己的人身安全，再讲最基本的生活自理技巧，同时灌输一些保健小常识。与此同时，召开主题班会“健康生活，从每晚刷牙开始”“生活细节，从洗袜子开始”。另外，指导他们每人准备一个脸盆，每晚热水洗脚，用洗脚水洗袜子。加强技术指导，与生活老师一起，手把手地教给他们如何洗袜子，怎样抹肥皂？怎样搓洗？怎样冲洗干净？同时，经常进行突击性检查，检查睡前是否刷牙，离开宿舍楼后，马上返回去，看看有没有在被窝里偷着吃零食的学生。这样，不用几周，睡前洗漱问题就能解决。接着，在家长群里，要求家长每周送孩子上学时最多带两双袜子，同时叮嘱：如果再有孩子把脏袜子带回家，必须让孩子自己洗，家长需签字证明。家长不许代替，否则扣分。

案例二

一个寝室是一个小社会，分配宿舍时按照优、良、中、差合理搭配。在这个小社会中，总有些不和谐的因素。任课老师反应，709 宿舍的成员在课堂上打瞌睡的人数最多，这里面肯定有原因。找生活老师了解原因得知：我班倒数第一名小鹏同学在晚上10 点半左右经常梦游，生活老师给我详细介绍了梦游的过程：他从床上猛地起身，翻身下床，然后僵尸一般走到门边，拿起拖把柄就在地上来回走动，或者在空中夸张地挥舞着手臂，或者头上扣个脸盆来回走几圈，也不说话，面无表情，经常惹得全宿舍的孩子哈哈大笑，因此影响了大家休息。孩子自己也承认他有梦游症。“梦游的时候你自己知道?”“嗯！好几年了！生活老师都知道。”他漫不经心地回答。这时，我就疑惑了。马上上网查询关于梦游的问题，一查马上意识到他在撒谎。因为梦游现象一般发生在半夜之后，而且，梦游时本人并不知道。

了解了真相之后，我有了对策。晚上，熄灯铃声响过，在709宿舍，我顺手抄起了拖把，递给了躺在床上的小鹏。“老师，干什么?”“干什么？给你道具，让你当着我的面表演梦游。”他意识到自己的伎俩被揭穿，马上变得结结巴巴，渐渐承认了自己的错误。“老师，我也想表现，在教室里，我学习不好，没人瞧得起我，只有表演梦游时，同学们哈哈大笑，我才觉得自己很有价值!”黑暗中，我的眼眶有点湿润。原来，人人都有想要表现自己的一面，那么，我就给他创造表现的机会吧。让他当男生部纪检部长，熄灯后，到我班所有的宿舍督促检查就寝情况，及时记录存在的问题，他干得真不错，还很有创意，以自己为反面典型，苦口婆心地奉劝别人好好休息，好好考学，考上大学后别忘了他这个“开心果”，能够为同学们服务，他真的很幸福。自从他当上纪检部长后，我们班的宿舍纪律空前的好。

案例三

作为班主任老师，如果在班里做一个调查：在餐厅里，你最喜欢和不喜欢做的事情是什么？几乎所有的孩子会异口同声地说：最喜欢的事情是分饭，分饭的好处太多了：一下课就走，不用站队；可以稍微谋点私利，为自己多舀点好吃的；还可以早吃饭。最不喜欢做的事情就是擦桌子，一片狼藉，一大堆脏盘子、脏碗筷。脏乎乎、油滋滋的，最讨厌的就是碰到有人吃饭特别慢，还要等他吃完。每学期，总有几次吃完饭后桌子没有值日生或因为值日问题闹矛盾，甚至大打出手的事件发生。鉴于这种情况，上学期，我在班里提出了“自己的碗筷自己收拾，自己的桌面自己管”的提议，结果得到了全体学生的一致赞同。吃完饭后，学生可以自带抹布，将自己的就餐范围打扫干净，碗筷自己送到指定地点，凳子自己放到桌子上。这不仅节省了时间，还大大减少了浪费现象。

孩子们缺乏基本的生活能力，固然与社会的导向，家庭的教育分不开，但是我们不仅要传递知识，而且要教给他们必要的生活能力和技巧。让他们先学会生活，然后再学会学习。

（2）我的学习我做主

为了做好本次研究，这一年的时间，我一直在读一本书，书的题目就是我本次文坛的题目《管好自己就能飞》。本书的作者不是大名鼎鼎的资深作家，而是19岁的留美中学生吴牧天，他是一个典型的自我管理型的孩子。我把他的一些典型的自我管理经验与孩子们分享。不是什么名言警句，但却句句在理。经典的语篇如下：先是我们养成了习惯，然后习惯养成了我们。养成好习惯关键的三步：第一步，是把好道理立即变成行动。其实，要做到这一点并不容易。有时候，我们明明知道道理很好，但是因为想偷懒、怕麻烦，于是就想：等等吧，以后再去养成好习惯也不迟。第二步，意志模糊动摇阶段，在这一阶段，一定要记住“坚持”二字。第三步，同每一个妥协的念头作斗争。在学生的学习生活方面，我是这样做的：

第一，学习生活，从整理学习用品开始。在我们每一个班里，总有些孩子，尤其是男生，物品摆放相当混乱。看向他的课桌里，里面的东西可真是琳琅满目、五彩缤纷。什么纸屑、零食、废弃的学习工具，书本随意塞在里面，给人一种随时淌出来的感觉。老师上课时需要什么他就找不出什么，上课一半的时间是在找东西的过程中度过的，上一节课刚发的卷子，本节课要用，绝对找不着，有时候，老师上完课了，他也找出资料了，弄得自己满头大汗，气得老师浑身发颤，上课效率非常低。俗话说，“习惯决定命运”，试想，这样的孩子成年后踏入工作岗位，这样的邋遢习惯能做好本职工作吗？

对于这样的孩子，我是这样进行转化的。开学前要求他每一学科准备一个文件夹，每一节下课后，安排小组长监督，督促他将本节课的活页资料装到本学科的文件夹里夹好，然后准备好下节课的相关资料后才能出去活动。同时，将垃圾袋扔到外面的垃圾桶里。否则，就给小组扣分。并且卫生委员每天检查课桌和书包，看看是否将学习资料有序摆放。长此以往，习惯成自然，整理学习用品的习惯就形成了。

第二，学习生活，从自我反思开始。“年年岁岁花相似，岁岁年年人不同”，每每看到这句话，我就会想起一个叫小晟的孩子。怎样描述他呢？一句话，这个孩子是我自踏入工作岗位以来，所遇到的最难教育的孩子。从行为表现来看：他属于多动症，坐在座位上，没有一刻是安静的。不是抠鼻子挖眼，就是交头接耳；不是低头在课桌里乱翻东西，就是故意找借口与同桌打闹。从本性上来看：他几乎无恶不作，抽烟、喝酒、打架、交不良朋友，逛歌厅、考试作弊、顶撞老师等。他的外号是：常有理、滚刀肉，一般的成年人说不过他，经常谎话连篇，十句话里连一句真话也没有。明明满身烟味，却说别人抽烟把他熏的。在老师面前下保证、做计划，说得比唱得好听，但是一转眼什么都忘了。就是这样一个孩子，课堂根本不学，也不会学，还严重扰乱他人，做作业时不是照着答案抄就是照同学的抄，自习课上值日班长根本就不敢管他。他还天性多疑，只要有同学找老师，他就以为是背后说他的坏话，上课传纸条威胁，下课轻则破口大骂，重则大打出手。任课老师对他使尽了各种办法，他软硬不吃，不见任何效果。每一次排座位，没有人愿意和他同桌，总是找我调开。这样高智商（在班级学习处于中游阶段）、软硬不吃的孩子怎么办？加分不好使，扣分更不行。孩子们敢怒不敢言，我也抓不住他的把柄，真没有办法了。要不借助家长的力量？我召集了家长委员会，家长委员会找他谈了一节课，然后家长们联名上书给学校领导，要求学校开除这个孩子，不给他毕业证，因为他对班里的其他孩子伤害太大了。我们抓住一次他又严重违反纪律的契机，给他看了全体家长的联名信，这一次，他可有点害怕了，他害怕家长们联名找校长将他开除。第一次看着他耷拉着脑袋有点服气的样子，我们对他提出要求：接受全体学生、家长、任课老师的监督，每周评价，每周统计，有一票持否定态度也不行。对于他的表现，全班同学无记名投票。同时，我让他每天晚上对白天的行为进行书面的自我反思，坚持写下来，第二天交给我。主要从以下几个方面：

① 关键词：将当天的主要内容，以最精练的语言概括出来。

② 今日最大的收获：今天取得的主要成绩，得到过哪些表扬或在哪方面做得好。

③ 今日反思：今日犯了哪些错误，哪些行为影响到了他人。

④ 明日计划：对明天要做的事，提前做好安排。

我要求他每天回家的第一件事就写自我反思，将在学校里做的事从第一节课开始提前列好，回家整理，第二天交给我，当着我的面逐一分析哪件事做得对？为什么？哪件事情是错的？会给别人造成什么样的伤害？在自我反思的力量下，他的行为确实有所好转，最起码他能安静地坐着了，对于任课老师的说教，他不顶撞了。在打扰别人之前，他会进行思考了，这件事在课堂上不能做，课下再做。家长很感激地说：“老师，虽然孩子没考上一中，但是习惯、脾气却改进了不少，再也不和我们大声吼叫了，也不跟我们动手了，最大的变化是能说正经话了，不再上腔说话了！幸亏了你，再三感谢你！”

这个孩子就是一个典型的“小皇帝”式家庭教育的产物，从小养成了以自我为中心的习惯，他想干什么就必须遂他的意，否则就不行。课堂上最典型的表现就是他如果举手，老师叫他回答问题，他就扬扬得意，左右炫耀；如果老师没叫他，他就往桌子上一趴，连骂带嘅，再也不听课。对家长也是如此，我亲眼看见他朝家长吹胡子瞪眼，吓得家长一句话也不敢说，在家里，还经常还家长动手。所以，教育这样的孩子，只有抓住机会，先讲道理，让他彻底认识到自己的错误对别人造成的伤害，再让他进行长期的、坚持不懈的自我反思，从而进行彻底的自我管理，才会改变自己的坏习惯，养成好习惯。

好习惯决定好人生，成功源于良好的习惯，好的习惯是成功的阶梯。一个人要想在事业上有所成就，就必须培养良好的习惯。虽然成功很高大，很辉煌，但习惯却一般很小，它重在坚持。"滴水穿石"，不在于力量，就在于坚持。只要持之以恒，踏踏实实去实践，你将在潜移默化中获得巨大的成功力量。

（3）我的未来我主宰

第一，静能生慧，学会生存。最近常在朋友圈看到有关寻找丢失孩子的事情，常常让自己不寒而栗，静下心来思考这些孩子为何会被拐骗甚至被杀害，除去社会的因素外还有一个就是我们作为教育者永远不能忽视的问题，那就是：我们的孩子对社会的认识、面对危险的应对能力和社会生存能力太低，基于此我认为必须把培养学生的社会生存能力纳入日常教学的轨道。为此，我常常利用班会的时间以典型的案例来教会孩子思考，领悟如何有效防范危险。例如：通过演示一个10岁的孩子巧妙摆脱绑匪的故事。让孩子们自己去分析主人公脱险的原因，从中学到了哪些脱险的办法？模拟场景让他们去讨论探究假设自己遭遇类似情景还有哪些应对良策？

通过现场分析和演绎，孩子们充分认识到，无论遇到什么问题首先要让自己冷静下来，沉着思考解决方法。所以，我让孩子们牢记一句话："要想管理好事情，首先要管理好心情"，"静能生慧"。

通过主人公遭遇绑架，机智脱险的实例，我还从成年人的角度与学生们分享了以下的心得体会：

① 学会生存，不要认为危险与你无关。

② 避免成为受伤害的目标。

③ 问题出现，牢记"冷静是最好的护身符"。

④ 勇敢重要，但机智有时候更重要。

⑤ 所谓"素养"，就是平素养成的习惯。

孩子们不可能一辈子生活在父母的羽翼之下，他们终究要踏入社会融入社会的，所以让孩子掌握必要的自我保护措施对于他们更好地把握自己的未来是大有益处的。只有引起家长对于培养孩子社会生存能力的足够关注，才能提升自己孩子的安全意识和生存能力。

第二，个性班规、伴我成长。为了让孩子们真正做到生活自理，我们特地制定了如下的个性班规：

寝室里，我按时作息，遵规守纪，做一个会生活的人；

教室里，我轻声慢步，尊重他人，做一个文明的人；

上课前，我按时到班，决不迟到，做一个守时的人；

课堂上，我专心听讲，积极问答，做一个会学习的人；

学习中，我认真作业，决不作弊，做一个诚实的人；

生活中，我勤俭节约，珍惜拥有，做一个高尚的人；

思想上，我笑对挫折，永不言败，做一个坚强的人。

社会中，我沉着冷静，聪明睿智，做一个会生存的人！

（四）评价与效果

培养学生的生活自理能力是孩子成长过程中关键的部分，是一个长期的、反复的过程。因此，做好过程性的评价工作尤为重要。生活中，我采用了多元化的评价机制。

1. 自评与互评相结合

每天一次以表格的形式进行自我评价和反思，每天在生活自理能力反思本上进行，以文字的形式进行。

日常生活起居自我评价表			
衣	今天你穿校服了吗？	是	否
食	今天你吃垃圾食品了吗？	是	否
住	今天你在寝室里加分了吗？	是	否
行	今天你自主学习了吗？	是	否

每周一次，小组内成员进行互相评价。

组间成员相互评价表		
1. 寝室里床铺整理整齐，物品摆放有序	15分	
2. 睡前刷牙、洗脚、不吃零食	15分	
3. 餐厅里细嚼慢咽，不打闹，认真值日	15分	
4. 课堂上认真听讲，不打闹，不违纪	20分	
5. 课间不吃垃圾食品，合理消费，合理支配零花钱	15分	
6. 独立完成作业，不抄袭，周末查漏补缺	20分	
总分		

组长每周汇总数据，以小组为单位，每月一次，班级内绘制柱状图，排名评价。

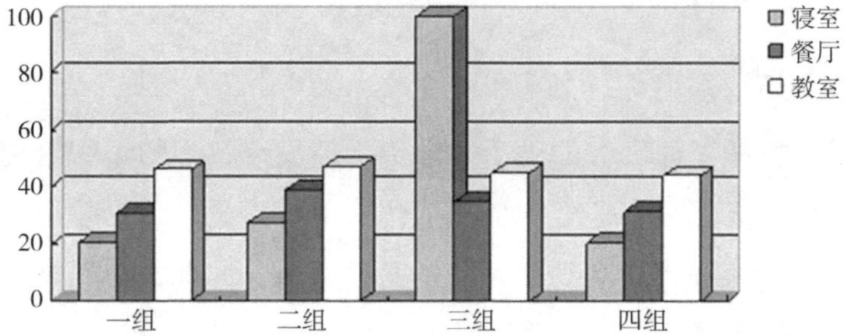

2．家校评价相结合

每周一次布置实践性的作业，如：下厨做菜、洗衣服、打扫屋子、管理花草、喂小动物等，然后家长根据孩子的表现附上一定的分数，加到孩子们的自主作业分数里面。班级里每学期举行“生活自理达人秀”活动，可以进行厨艺展示、内务展示、理财小窍门、自主学习技巧展示等。对他们的表现全程录像，发到班级群里，由家长、老师、学生代表共同参与评选出各类达人，如：“厨艺小明星”“内务大使”“理财专家”等，然后在班级中颁奖鼓励。

3．效果

学期初和学期末的问卷调查足以说明我做的这个课题研究的成效，基本上所有的指标都呈上升趋势。

	生活自理内容	学期初	学期末	效果
1	能做简单的家务活，下厨做饭	23%	65%	优秀
2	自己收拾房间，物品摆放有序	40.5%	76%	良好
3	自觉遵守寝室纪律，睡前认真洗漱	37%	89%	优秀
4	遵守餐厅规则，健康饮食不吃垃圾食品	29%	31%	一般
5	自主学习，认真听讲，不扰乱他人	41%	72%	良好
6	良好的心态，积极应对突发事件	24%	49%	良好
7	自己做好人生规划，有正确的人生观	31%	62%	优秀

要想让孩子真正的自理、自立、自强于世，就得要求他们重细节、从日常的点滴小事做起，规范自己的日常起居习惯、严谨学习生活能力、进行深刻的自我反思、彻底的自我管理、遇事冷静沉着，多做换位思考、提升自己的社会生存能力，就是给了孩子们一双双隐形的翅膀，他们将自由地翱翔在蔚蓝的天空之上！

二、学生干部能力的培养

（一）学校实施干部培训计划

学生干部是班主任管理班级的助手，学生干部没有较强的组织管理能力，将不能起好带头作用。学生干部群体是落实各项工作的中坚力量，一支政治思想好的学生干部队伍能够起到"示范一批，带动一片"的正面效果。因此，为提高我校学生干部的工作能力，学校特制定培训学生干部计划。

1．培训对象

学校学生会干部、级部学生会干部。

2．培训目的

提高学生干部思想觉悟，增强学生干部整体的素质和能力。

3．培训内容

（1）学生干部应具有的素质，学生干部应该具有的技能；

（2）如何当好老师的助手，带领各班开展班级工作；

（3）学生干部之间，部门与部门之间，部门内部如何建立和谐关系；

（4）怎样主持班会，怎样组织集体活动；

（5）活动创意及策划，学生自管会工作指南，如何写好工作计划，工作总结，活动策划；

（6）怎样处理突发事件；

（7）怎样处理好学习与工作的关系；

（8）怎样协调学生与老师的关系；

（9）学会如何关心同学平时生活及时帮助同学解决问题。

……

4．培训形式

以讲座形式为主，问答为辅，可根据培训内容灵活选取培训形式。培训以一月为一期，培训结束后以感想和体会的形式进行考核。成绩合格者发放结业证书，优秀者给予"优秀学员"称号。

5．培训地点

道德大讲堂。

6. 学员须知

（1）不得无故缺席，迟到，早退。有事必须提前一天到组织部门负责人处请假；

（2）努力提高学习效率，全体学员上课应认真听讲，积极思考，主动参与讨论，仔细记好笔记；

（3）自觉接受培训考核。

7. 授课人员

请学校的资深老师、名班主任及有工作经验的前任学生干部授课，具体的授课安排，另行通知。

（二）班级落实干部能力培养措施

1. 选——选角色

子曰：其身正，不令而行；其身不正，虽令不从。班干部本身端正、阳光、正气、充满正能量，就是班级工作开展的一个良好的开端，用不着多么严厉苛刻的班规，班级风气自然会随着转化而归于端正。如果班级干部本身不正，仅以下达命令来要求别人，没有一点说服力，还会严重影响班级的凝聚力。

其实每个班主任对于这一步的执行基本都是大同小异。在刚刚接手班级时，对学生还不了解的情况下，我们一般并不急于挑选班干部，更不该让成绩单上的名次左右我们选班干部的意向。我们通常会向上任班主任了解每个学生的具体情况，或者通过了解其他同学获得一些有价值的信息。我们也可以举行自我推介会活动，让学生进行自我介绍和推荐；还有就是临时性工作的自愿参与，不固定指派某个人，而是通过一段时间的观察和物色，有了这些资料，选拔时方向就比较准确，可以少走些弯路。比如我们班的小忠同学在自我推介会上表现不俗，自信、大方、语言表达清晰有力，参加过学校活动和社会实践活动，曾经担任过班级干部，每次临时性工作都积极参与，很是积极向上，是个班长的苗子，当然他也有缺点，一看就是比较急躁，沉不住气的那种人，还需要今后慢慢调教；还有我们班级的卫生委员是学生向我推荐的，他集体荣誉感很强、干净利落、有眼力、会干活、正气、有一定的工作能力，但缺点是不能以理服人，而这一点今后可以通过教育培训慢慢改善。班主任要严把正气关，平时留心观察每位学生，对那些积极阳光，既有表现欲望，又有一定的工作能力且能认真贯彻执行老师指示的学生，进行选拔和培养，在开学两三周后，班干部队伍基本上就选拔组建成立了。正气阳光、积极向上的新班干部队伍为班级自主管理工作的顺利开展奠定了一个良好的开端。

2. 树——树形象

班干部每天都仿佛蹲在一面镜子里，外面有数十双精致的，富于敏感的，善于窥视出班干部优点和缺点的眼睛，在不断地窥视着他。所以，班干部的一举一动也都在同学们的监督中，怎样树立班干部的威信，那就只有以身作则，真正做到“正人先正己”，方可树立自己的威信。因此，班主任要引领班干部准确定位，树立自己的形象。

（1）形象定位

① 自我宣传。被任命的班干部要在全班同学面前做好自我介绍、就职演讲、就职宣誓等活动。此举目的是锻炼班干部的信心和胆识，增强自身的责任感和使命感，并初步建立为班集体、为同学服务的思想。

② 仪式宣传。要利用班会举行隆重的聘任仪式，为每一位班干部颁发聘书。让班干部在全体同学面前树立起自豪感和荣誉感，从而得到同学的信任和尊重，而又在同学中确立其干部形象，树立班干部在同学心目中的威信。

③ 阵地宣传。被选出的新一届班干部要进行公示，并明确工作分工，确定好职责。这样既有利于班干部们开展工作，又有利于同学们进行监督，还可充分利用班级群等网络平台宣传。

通过以上方式，初步建立他们的威信。

（2）形象践行

班干部是一种荣耀，一种责任，更是一种奉献，班干部在学生们心目中的形象直接决定班级工作能否顺利开展，能否有一个和谐高效的学习环境。形象定位仅仅是一种承诺，关键是落实在行动上，这才是最有说服力的。

因此，每个班干部为自己的形象准确定位后，还要用实际行动，践行承诺，真正树立起自己的形象。

① 无信不立

《论语》中写道，子曰：“人而无信，不知其可也。大车无輗（ní），小车无軏（yuè），其何以行之哉？”

在古代，那些善于执政的人都懂得言而有信的重要性。我们知道，商鞅在秦国变法的开篇阶段，就是从为自己立信开始的。商鞅兑现了50两黄金的承诺，一下子轰动了秦国。老百姓说：“左庶长的命令不含糊。”有了这个信用基础，商鞅的变法政令才得以推行，可见人无信不立。

信用是一个人在社会上立足的前提，对于班干部来说，诚信是顺利开展班级工作的前提，所以无论做人还是做事，都必须重诺守信，这样别人才会相信你，愿意与你打交道，班干部与学生才有可能建立起稳定长期的良好关系。总之，欲正人必先正己。以信可树威，有威方立信！

② 轻言重行

子曰：“君子耻其言而过其行。”

子贡问君子，子曰：“先行其言，而后从之。”

孔子认为，君子以言过其行为耻，尤其反对说多做少，特别是只说不做。对大多数人而言，生活的确如此，光说不做，这种人生是很可悲的。成功是一把梯子，双手插在口袋里的人永远是爬不上去的。

我想要班干部感悟到思想固然重要，但行动往往更重要。任何一个目标确立容易实现难。但如果我们不去行动，那么连实现的可能也不会有。没有行动的人一切都是空谈！我们应该积极行动而不是消极等待。

我班体育委员栋栋同学，品学兼优，亲和力强，在同学中的人缘也很不错，班干部评选时被选为体育委员。刚开始的工作没什么大问题，通过了解同学，大家反映一切还比较秩序井然。但一段时间以后，他却哭着找到我说，他不想当体育委员。我很吃惊，问他原因。原来是因为路队管理，有一些同学不守纪律，经常打闹、嬉戏，他几次管束似乎都没有效果，甚至还有个别同学冷嘲热讽挖苦他，他很委屈，也很苦恼，感觉很无能也很无奈，胜任不了全育委员这一职位，请我帮他解除职务。

听他哭诉完之后，我让他坐下来，和他一起分析问题，查找原因。其实问题发展到今天，很大部分是由他自己造成的。在出现问题的时候，他经常向同学们宣布了惩戒的措施，但是却不执行，在同学们心目中的诚信度差了，同学们认为他只是说说而已，不会真正地实施的，所以就出现了今天的局面！他告诉我说：我不愿意严格执行是怕他们记恨我，破坏同学间的关系。我一听，这属于典型的“好人主义”。我告诉他：作为班干部，面对问题时，不能义正词严地指出同学身上存在的问题并帮其改正，而是为了维护好自己与同学的私人关系，无视班级制度，充好人，这种做法看似缓和了与同学间的关系，实则给了违纪同学可乘之机，丧失了班级管理的公平性，葬送了自己的威信以及同学们对自己的信任。这样再去管理班级，自然得不到同学的谅解与支持。我慢慢引导他用自己的实际行动改变同学们对他的看法。遇到违纪问题，公平公正地对待，该批评就批评，该表扬就表扬，赏罚分明。一个真正的朋友是不会因为他违纪你指正他而拒绝做朋友的。只有这样，你的威信才会重新树立，你之前的烦恼才会迎刃而解。

3. 领——领方法

领，就是班主任要教给班干部工作的方法和技巧，引领班干部开展工作，培养班干部的工作能力和智慧，树立起工作的热情和信心。

具有良好的领导智慧对于班干部工作的深入开展，对帮助学生保持良好的学习氛围，促进学生行为习惯的养成等都具有十分重要的意义。有以下几个方法值得大家实践一下。

（1）团结协作

有一则寓言故事：

牧师请教上帝：地狱和天堂有什么不同？

上帝带着牧师来到一间房子里。一群人围着一锅肉汤，他们手里都拿着一把长长的汤勺，因为手柄太长，谁也无法把肉汤送到自己嘴里。每个人的脸上都充满绝望和悲苦。上帝说，这里就是地狱。

上帝又带着牧师来到另一间房子里。这里的摆设与刚才那间没有什么两样，唯一不同的是，这里的人们都把汤舀给坐在对面的人喝。他们都吃得很香、很满足。上帝说，这里就是天堂。

同样的待遇和条件，为什么地狱里的人痛苦，而天堂里的人快乐？原因很简单：地狱里的人只想着喂自己，而天堂里的人却想着喂别人。

这个故事给我们的感悟是：在一个团队里，如果成员没有团队意识，各行其是，那么，团队的目标将永远无法实现。创建和谐的班集体，必须增强团队意识。只有大家密切配合，团结协作，才能使班级焕发出生机和活力。

班干部队伍也是一个团队，一个优秀的班干部团队能够推动整个班级更优秀，因此，班干部之间更应该相互帮助，相互协作，共同出谋划策。三人行，必有我师。每一个人的身上都会有闪光点，都值得我们去挖掘并学习。

（2）公平公正

班干部的管理工作要面向全体学生，不能歧视任何一个学生，放弃对任何一个学生的管理。对各个同学要一视同仁，平等对待。例如，班干部组织各种集体活动，要尽可能让每个学生都有机会参加，在选拔班干部、评选先进分子，也要面对全体学生，鼓励大家创造条件争取参选，不要事先排除某些学生，更不应该袒护与自己关系不错的同学。处理问题时，更要注意一碗水端平，不忽视后进生的感受，这样公正、公平办事，班干部一定会在学生心目中留下一个公正廉明的形象。

（3）率先垂范

要求同学做到的，班干部首先要做到。在同学的心目中，班干部在班级中就是榜样。因此，时刻要以良好的形象来影响同学，在日常管理工作中，班干部要严于律己，言行一致，表里如一，同时还要注意不断提高自身的品质修养，真正成为同学的榜样，让同学在日常管理活动中通过耳濡目染、潜移默化地学习和模仿班干部的志向、行为等方面，以取得良好的教育效果。例如学习上，态度最重要；工作上，严谨最重要；生活上，宽容最重要；沟通上，微笑最重要，每一个方面都有班干部需要达到的最低标准，如果没有达到最低标准，就要进行再次培训再上岗，从而使班干部在班级生活学习的方方面面为同学做好表率。可以说，学生的耳朵是录音机，眼睛是录像机，脑袋是电子计算机，他们是把老师、班干部的言行录下来输入大脑，然后用来指导自己的言行。因此，班干部一定要率先垂范，注意自身的形象，严格要求自己，在工作、学习、行动、仪表等各方面，发挥表率作用，使无声的身教与有声的言教相互配合，从而提高班干部工作的效果和质量。

（4）“三省吾身”

曾子曰：“吾日三省吾身。为人谋而不忠乎？与朋友交而不信乎？传不习乎？”

美国学者波斯纳也提出了个体成长的公式：经验 + 反思 = 成长。说明不论是中国人还是外国人，是古人还是今天的人，都深刻认识到反思与总结在我们的成长过程中起着重要作用。

作为班干部，当然更要重视反思与总结，只有经历了反思与总结才能不断提升自己的能力。我们的反思本就是很好的反思阵地，每天利用反思本，反思总结自己一天班级工作中的得与失，想一想我还可以怎么做会更好。每周指导班干部召开周工作总结反思会，述职交流自己一周的工作心得体会，相互提建议、出点子。每月开展班干部培训会，在培训会上，班主任针对班干部反思出的问题进行引领学习，让班干部在不断的总结反思培训中成熟起来。有反思才有提升，班干部的管理工作才更加有的放矢，工作有了针对性，这样才有实效，班干部的领导力得到了提升，工作力也落到了实处。

4. 放——放权力

叶圣陶先生曾说过：“凡属于养成习惯的事，光反复讲未必有用，一句老话，要会游泳必须下水。”所以，班主任要引导班干部下水，练成游泳的本领。只有放手让班干部大胆地工作，发挥他们的主体作用，才能培养出一支精干的班干部队伍。

放，是放手，但也不是撒手。给学生一个自由的工作空间，让他们充分发挥自己的聪明智慧，提升班干部的管理能力，让班主任从繁杂的班级事务工作中解放出来。当班干部具备了维护自身形象的意识和工作方法后，他们就会在日常工作中努力去完善自己，提升自己，并全心地投入工作中去。这时候就需要我们把权力下放，创设机会和平台让班干部的智慧和工作能力在实践中提升。

（1）创设机会促提升

班干部有了一定的管理能力和经验之后，我们班级每天的晨夕会，每周的班会，每周的常规总结等都由班干部负责组织安排，工作中的问题，让他们自己想办法或者协商解决，实在无法解决或出现严重分歧时，班主任再出面帮助解决。

为了给每个班干部“自由驰骋”的空间，我有时故意制造机会，如有时候晚自习放学，我故意不去组织，事先告诉体委由他组织。而我只是在校园一个角落“冷眼旁观”，记下每次出现的问题，第二天及时反馈指导。也许是因为有了老师对学生和班干部的这种信任，孩子们的表现真是令人惊讶，别看只是一个小小的路队管理员，也能把本职工作做得井井有条。

这样，通过赋予孩子们一次次的锻炼机会，让他们的能力不断提升。

（2）搭建平台施才华

班干部管理能力逐渐提升的前提下，我再一次地加大“放”的力度，让他们在更广阔的舞台上施展才华，真正实现班级工作的“自主管理”。

在日常工作和特色活动中，我也大胆地让班干部去组织和管理，让他们更好地发挥干部作用。如学校和班级组织的各项活动，我都尽量让班干部组织实施，并进行主持。如阳光运动会、班班唱、校外实践活动以及英语特色活动等。我们连续两年组织的期末结业活动，都是由家长和班干部组织实施，四名主持人自创地用英汉双语进行主持，获得大家的一致称赞。上学期班级的读书交流活动整个过程全是学生干部从筹备组织，做课件，选主持人，写主持词到最后的活动展示组织学生自己筹划完成的，通过这些活动，学生的社交能力、合作能力等都得到了锻炼和提高。

在这个阶段，班干部们已经有了主人翁意识，工作很大程度上由被动转向主动。但值得注意的一点是，班主任不能匆忙放权，要随时监督、调控。这时，一个良好的班集体已基本形成。教师适时的走向幕后，让孩子们懂得自主管理更是人生的一笔巨大财富。

5．评——促优化

评，就是通过评价来进一步强化班干部的自我认识，自我提升，促进班干部队伍深度优化，有利于提高班干部管理的工作实效。

通过对班干部工作的评价，对那些成绩显著的学生干部给予精神和物质奖励，对那些品学兼备、管理组织能力强、办事效率高的优秀学生干部，根据工作需要，把他们提拔到更高的职位上去，从而为更多的同学服务，对被评为优秀等级的干部授予“优秀班干部”称号，对评为良好登记的干部授予“活动积极分子”，对于那些工作能力欠佳、工作态度较差、没有责任心的学生干部则要坚决地劝退撤换，不能让他们“在其位不谋其政”，并及时的选拔有能力的同学弥补该职位，优化学生干部整体队伍。

（1）自管轮岗，竞争上位

竞争上岗是为了让班干部知道，当上“干部”不是一劳永逸的，要让他们有危机感。我班的班级干部竞争上岗，由全体学生进行全班评价投票，进行公开竞争。针对在班干部评价中满意度较低的干部，进行下岗再培训。如我班有一段时间餐桌浪费现象严重，只是说教似乎收效不大。因此，在评价竞聘生活委员这一岗位时，针对学生餐桌浪费现象，让他们给出合理的建议或解决办法。一个同学提议利用加减分进行评价，而小涵同学则提出了对浪费粮食的同学在餐桌上贴上写有“谁知盘中餐，粒粒皆辛苦”字条的办法，对学生进行规劝，既照顾了学生的自尊心，又有效地解决了餐桌浪费问题，得到了大家的认可，最终竞争上岗。事实证明，她在生活委员这一岗位上确实表现得很出色，而班干部的创新能力也得到彰显。

（2）过程管理，三评促优

在班干部执行管理工作的过程中，我们定期组织全班同学对班干部的工作定期地开展自评、互评、他评工作。教师要在评价过程中既要找到班干部在组织与管理过程中的不足与差距，又要在评议中找到相互的优势进行学习、借鉴。针对“他评”，主要可以围绕以下三方面开展：

一是班会评。召开主题班会，总结班干部队伍建设中的问题，开学初可由学生以纸条形式上交汇总，学期中可采取面对面的交流或开诚布公地谈建议，将同学们的心声一一反馈给班干部，班会以鼓舞激励为主，不打击只建议，但是有问题必须指出来，并责令限期改进。

二是信息评。就是利用网络短信等平台分别把表扬鼓励的信息发给家长。如“孩子在开学两周内在自己分管的班级管理岗位上尽职尽责，为同学树立起好的榜样，特此表扬！请鼓励孩子再接再厉！”“孩子在值日班长工作岗位上，尽职尽责，尽心尽力，为同学们树立起好的模范，特此表扬！”等等。

三是月总评。一个月进行一次班级全面投票评价班干部会议，让班干部上台发言进行总结，然后由全体同学投票选出优秀班干部，进行加分奖励并颁发喜报，以发扬优点、弥补不足，促进他们的管理动力，营造正气向上的班风。

通过评选优秀班干部进一步激励他们更好地去服务于班集体、服务于同学，在班集体中营造“为集体服务光荣，不尽责可耻”的氛围。在评价过程中，同学们大大提高了责任意识，正气的班风也亦形成。

班干部培养走过“选—树—领—放—评”这五个阶段后，我深感班主任工作轻松了许多，也能真正感受到学生自主管理为班主任工作减负的效果。

三、教师协调沟通能力的培养

（一）协调沟通能力的重要性

知识经济时代，协调沟通能力已经成为二十一世纪人才竞争的重要素质之一。协调沟通涉及工作与生活的各个层面，教师在实际工作中，要与领导、同事、学生及家长打交道，常常会遇到一些问题，尤其在班级自主管理过程中，生发出来的问题会更多，因此较强的协调沟通能力对于自己工作的顺利开展有着直接的影响。实践证明：没有协调沟通，工作效率就不能保障；不会协调沟通，必然伤害感情；缺少协调沟通，会导致各司其政；离开协调沟通，极易四面楚歌；不懂沟通协调，势必事倍功半。可见，教师提高协调沟通能力十分重要且迫切。

（二）协调沟通能力的涵义

从教师的角度来说，沟通能力是指在教学工作中为完成教育目标，用语言、文字、图片、行为等方式相互交流思想、观念、意识、感情等信息，以获得相互了解、信任并达成共识，产生一致行为的本领；协调能力是指教师在教育活动中对活动参与各因素之间的关系进行调整，使其能够配合协作、完成教育目标的本领。

（三）有效提高协调沟通能力的方式方法

无论我们与领导、同事、学生、家长沟通，必须坚守一个“总原则”，那就是：有理、有力、有利。

有理，顾名思义，就是要师出有名，要有交流沟通的理由，还要有技巧与方法。

有力，就是要让我们的交流沟通有力度，要达到一定的效果，要做到“药到病除”，而不是草草了事。

有利，就是要让我们的交流沟通对于任何一方都是有利的——不仅能顺利达成我们预期的目的，还能让对方愉快的接受，这是交流沟通的关键！

1. 与领导沟通

（1）适当的时机——通常早晨刚上班的时间领导最繁忙，而快下班的时候又是他疲惫心烦的时候，显然都不是最好的沟通时机；建议在上午十点左右找机会与领导聊聊，因为这时领导可能刚刚处理完清晨的业务，有一种如释重负的感觉，你适时地提出问题和建议，会比较容易引起他的重视和思考；无论什么时间，如果他心情不太好的话，奉劝你最好不要打扰他。

（2）适当的地点——他的办公室当然是最好的谈工作的地点。但是如果他经过你的座位，突发奇想要就某个问题与你探讨或者你们刚好同时上下楼，而他又表现出对你工作的兴趣时，也不失为沟通的好场所。当然，这要看你的反应和智慧了。

（3）提供极具说服力的事实依据——推广一项新的提案或者提出改进现有工作制度、程序的建议，你一定要有足够的说服力，不能给领导留下一个头脑发热、主观臆断的印象；提案中不可或缺的是真实的数据和资讯。事实胜于雄辩，这个道理可以说明一切。

（4）预测质疑，准备答案——对于你的建议和设想，领导可能会提出种种质疑，如果这时你吞吞吐吐自相矛盾，你的成功机率会大大减少；同时还会给领导留下你逻辑性差、思维不够缜密的印象；最好充分预想领导可能有的疑虑，并一一准备答案，这样你就可以胸有成竹地站在他面前了。

（5）突出重点——先弄清楚领导最关心的问题，再想清楚自己最想解决的问题，交谈时一定要先说重点，因为领导的时间是你难以把握的，很可能下一分钟就有一个电话进来或者一件重要的事情打断你们的谈话，如果你还东拉西扯，可能这就是一次毫无意义的交谈。

（6）切勿伤及他的自尊——领导毕竟是领导，无论你的建议多么完美，你也只是站在自己的角度考虑，而领导要统筹全局，他要协调和考虑的角度是你不曾涉及的。因此阐述完你的建议后应该给他留一段思考的时间，即使他犹豫或否定了你的建议，也不要出现伤及领导自尊的言行，这不单是对领导的尊重，也是你的涵养和素质的体现。

应该说，在我们的工作中，领导的支持与肯定是我们工作的方向与动力！

2. 与同事沟通

在工作中，班主任与任课教师之间的交流沟通要做到以下几个方面：

（1）力捧：向学生介绍任课教师的情况，帮助任课教师树立威信。开学初，向学生介绍任课老师时，作为班主任要力捧本班的各位任科老师。介绍方式因人而异：对年纪大的老师要从经验上加以侧重，对中年教师要说他们年富力强，而对年轻教师则要说有冲劲，知识更新快，总之要使学生对新的任科教师有良好的第一印象，从而增强学好各个科目的信心。

同时，班主任要向任课教师详细介绍整个班级情况，准备好班级学生名册、成绩表，编好座次表、学号，列出本班的上进生、中等生、后进生情况表，并把这些表册主动地在学期初就交给任课老师；同时召开任课老师会，把班上学生情况、班级的优点、缺点介绍给老师，使任课老师们心中有数，有的放矢地进行教育教学。

（2）团结：根据班级目标，以及学生的实际情况，班主任要借助班教导会等有利机会，同任课老师共同商量、研究班级发展中的相关问题，对学生提出统一要求，形成整合一致的教育力量，共同作用于学生。平时也要多和任课老师联系，多与任课教师谈一些班级管理的问题，把自己掌握的学生学习上、生活上、心理上、生理上的变化及时地反馈给任教师，以便他们及时了解班级或学生情况，加强教育教学的针对性。

（3）尊重：任课老师是用来尊敬和尊重的。教育学生尊敬任课老师，班主任首先应该尊重任课老师。每一个任课教师在教育教学过程中，都有可能遇到工作、生活中的困难，甚至挫折，这时班主任的协调就体现在及时的为其排忧解难上。作为班主任，要理解和明白：协助任课教师解决教学中出现和遇到的困难与搞好班级工作有密切的关系。如经常向任课教师了解其学科作业上交和课堂学习情况，以便及时掌握学生的学习情况，防止学生偏科、厌学等现象的出现；当个别学生会与任课老师发生一些摩擦，班主任对此类问题要冷静，要耐心听取任课教师的陈述和意见，要设身处地地理解任课教师，维护任课教师的利益。同时多邀请任课教师参加班级的管理和活动，以便于增进师生的感情。

3．与学生沟通

（1）面带微笑：面带微笑与学生沟通是获得学生信任的前提，微笑能架起老师与学生之间沟通的桥梁。

（2）注意倾听：老师与学生沟通时，首先需要耐心地倾听，了解对方心中的感受，才能捕捉教育的切入点。在倾听中，老师要专心、专注，寻找解决问题的方式。

（3）换位思考：对任何事物的看法，师生之间都不可能完全一致。教师要及时地换位思考，体会学生的感受，不至于激化矛盾，顺利解决问题。

（4）表扬与激励：老师与学生沟通时，要多表扬、多鼓励，正面疏导，指明方向。

才能赢得学生信任，成为学生的知心朋友，让学生总是怀着希望与信心，努力向上。

（5）批评和惩戒：批评和“惩戒”是教育的必要手段，是负性刺激。“批评”时要注意措辞恰当，用意善良、符合事实、方法得当，要通过摆事实，讲道理告诉学生他的行为错在哪里，有什么危害，应该怎样做才正确。“惩戒”不是“体罚”，而是对多次违反规定、教育无果的学生采用的一种教育手段，实施时要特别注意适时适度、科学合理，且要符合被教育者的心理健康和性格特点，绝不能伤害学生的自尊。

（6）捕捉契机：教育学生时，要善于捕捉教育契机，找准切入点，讲究技巧，坚持批评与说理相结合的方法。

（7）巧设情境：教育学生时教师要善于创设情景，营造氛围，引导学生自己认识错误，切记简单说教，宣读学校文件等。让学生认识其危害，才能理解老师的一片苦心。

（8）分层要求：一个班集体中学生的实际情况各不相同。区别对待，分类要求，使不同层次的学生通过努力都能达到本层次要求，从而激发学生的自信心。

（9）灵活多样：不方便口头沟通的情况下可采用灵活多样的沟通方式。如书面、短信、电话等交流可以很好地避免师生面对面的尴尬，使双方都能比较冷静地看待和思考问题。文字更具有长久保存性，教育效果持久。

（10）语言魅力：教育学生时教师应发挥语言魅力。掌握批评的艺术性，会让学生不受伤害。多用安慰性语言，少用讽刺性语言。

如：少用“但是”句多用“如果”句。例如：“你最近表现不错，但是学习态度还需要端正。”这句话使学生感受到的不是表扬而是批评；而我们用“如果”句式来表述效果就不一样了：“你最近表现不错，如果再在学习方法上多思考一下，我想你的进步会更大。”这样学生接受起来会比较舒服，效果也自然会更好。

同样的意思从积极的方面表达：曾国藩把“屡战屡败”改为“屡败屡战”，不但没有受到惩罚，反而受到嘉奖。经常有教师怒其不争的训学生：“如果你不想学习，谁也帮不了你!”道理绝对正确，但是效果可想而知。如果换成：“如果你努力学习，谁也阻挡不了你的进步!”，传递的信息是积极的，就会给学生积极的心理暗示。

多用从学生的角度思考问题的句式，例如：可以把“我觉得”变成“你觉得”，“我认为”变成“你认为”，这样学生就会积极主动的思考解决问题的办法。

多问怎么办，少问为什么。在与学生交流沟通时，我们要弱化“为什么”的语言模式，尤其是学生出现错误时更是要尽量少使用这样的句式，因为“为什么”是把学生的思维引导到犯错误的状态，直接引发的学生思维反应就是对自己的行为进行辩护，这是人思维的本能反应，而且“为什么”这三个字的组合本身带有责备的意味，所以导致学生情绪一定是负面的。

我们要多用“是什么”，比如：你认为你的这种行为的后果是什么?”“你想要的是什么?”“什么对你是重要的?”“你从中得到了怎样的教训?”；最终我们要落脚在“怎么做”上，因为这一语言模式会让学生从过去的“问题状态”中抽离出来，摆脱问题带来的负面情绪，也容易让学生积极思考改变的方法，达到促进学生成长和提高的沟通目的。

把“怎么可能”变成“怎么才能”。例如：我们可以把“以你这样的状态怎么可能实现考上一中的梦想?”变成“你认为怎么样才能实现自己考上一中的梦想呢?”

用“我也”的语言模式。这种模式很容易与学生“同频沟通”。例如学生考试有压力，教师可以说：“当年我读书的时候也有压力。”学生受了委屈，教师可以说：“如果是我，我也会委屈。”这样会拉近学生与自己的心理距离，让学生放松心情，打开自己的心门，而且，当学生感到教师也有这样的问题时，无形中就会淡化自己问题的严重性，感觉这些状况都是正常的，有利于问题的解决。

（11）就事论事：在和学生沟通时，要就事论事，不要去翻旧账。更不能不针对个人的个性与品格，否则，会给学生造成伤害，导致学生与你对立。

（12）不贴标签：不以成绩、相貌、家庭、财富、表现等给学生贴标签。与学生谈话时要尽量避免评判和预测，评判和预测的结果可能会使学生形成真的毛病。

（13）简明扼要：教师和学生沟通力求简明扼要，忌讳喋喋不休。教师解决眼前的问题时，应避免长篇大论，更不要随便追究将来的责任和过去的经历，没有必要钻牛角尖。

（14）纠正指导：当学生犯错误时，教师要给予指导，不是指责。是纠正，不是抱怨。

4. 与家长沟通

作为教师，我们不可避免地要与形形色色的家长打交道。不同的家长，教育程度不同、从事职业不同、经历阅历不同，家庭教育不同，特别是“三观”的不同，给我们的家校工作带来很大的困难！我们一一片热心、一腔真诚，很有可能不被理解，甚至还可能会被误解、被指责。

家长大致可以分成这几种类型：

（1）民主型家长：如实反映，共同探讨

这是最理想的家长，这类家长的特点是：比较有主见，而且知识面比较广，在教育子女上有自己的一套方法，对子女的教育宽严有度，讲究科学，对待孩子比较开明、平等。对于这一类家长，我们一定要抱着学习、交流和探索的态度与家长沟通，对于学生的在校表现我们可以如实地向家长反映，主动请他们提出教育的策略，认真倾听他们的意见，充分肯定和采纳他们的合理化建议，并适时提出自己的看法。不要老是摆出教师的派头，总想教育人家。

（2）溺爱型家长：肯定长处，适时引导

这是我们接触最多的一类家长，许多孩子的不听话、难教育，实质就是他们的家长过分溺爱造成的。与这类家长交流沟通，我们不能够太直接，不要认为自己什么都知道、直话直说——这样会让你很被动。因为对这类家长来说，他们的孩子是最可爱的，即使犯了错误他们也认为很正常，不是什么大不了的事情，甚至还会帮着孩子隐瞒。如果他们的孩子和其他的同学发生了矛盾，他们往往偏听偏信自己孩子的一面之词，总认为自己的孩子是正确的，错的都是别人。一旦他们的孩子吃亏或是受伤，他们就急得不得了，仿佛那是天大的事，一定要班主任给个说法。

对于这类家长，我们要充分认识到沟通的难度，要提前考虑好自己的措辞，以免被动。如果不是为了解决矛盾，仅仅是为改正学生的问题，沟通时我们不妨先肯定学生的长处，对学生的良好表现给予真挚的赞赏和表扬，再适时地指出学生的不足。只有充分尊重学生家长的感情，肯定家长对孩子的爱，他们在心理上接纳了你之后，你的谈话才会奏效，然后再恳切地指出溺爱对孩子成长的危害，并适时地告诉他们一些正确的教育方法，往往会取得理想的效果。

如果是要处理矛盾，那我们一定不可掉以轻心，我们要站在他们的角度上，先肯定他们的一些合理要求，然后再和他们讲清事情的经过。适当的时候，要帮助他们分析一下溺爱的危害。

（3）放任不管型家长：启发教育，耐心细致

这是让我们最头痛的一类了！因为这类家长是难对付的，孩子也是难教育的。这类家长的特点是：他们对孩子的要求大多不高，而且很有可能自己当年读书时，他的父母对他也是放任自流型的。更让人生气的是，现在他们中的一部分人凭借好机会赢得了不错的经济社会地位，对孩子几乎更没有什么要求了，甚至还主动劝老师不要太着急，认为孩子以后会有出息的。对于这类家长，我们交流沟通时关键是要启发和教育他们提高认识。如果他的思想转不过弯来，后面的谈话就是鸡同鸭讲、对牛弹琴。在沟通之前，我们要针对这类家长的问题，多查找有关资料，必要的话，还要打好谈话的提纲。因为在具体交谈时，你的事例越生动、越有说服力，他们听信你的可能性

就越大。而且适当的时候，给他们提供一些反面的例子，让他们从别人的悲剧中认识到自己教育方式的危险性，这往往能起到事半功倍的效果。

（4）粗暴严厉型家长：小心谨慎，注重方法

这样的家长，孩子同家长的关系大都很紧张。生活在这种家庭的孩子在学校的表现往往有两个极端：一是非常遵守纪律，胆小怕事，没有主见，灵活性差，缺少创新精神；二是孩子在学校唯我独大，对人充满仇恨，基本上都是坏孩子的头儿，任何违纪的事都与他有关。对这类家长，我们在交流沟通时要特别小心，不要把与家长的见面变成孩子的灾难。如果孩子因为我们与家长的接触而挨打受难，孩子就会更加仇视我们，后面的教育会更难。同这类家长交流时，我们要挖空心思多肯定孩子的成绩，介绍给他们一些科学的教育方法。如果是孩子在学校违纪而与家长处理问题，一定不要简单粗暴，一推了之，而是要耐心地让学生和家长认识到自己的错误，引导他们正确的改正方法。有时候，适当的讲述一些由于家长方法不当而导致悲剧的家庭教育案例，也会起到良好的效果。

（5）经济杠杆型家长：直言危害，提出建议

随着经济条件越来越好，这类家长越来越多。这类家长对子女的教育就是以金钱为标准，达到什么样的成绩就奖励多少金钱或者是购买什么物品。同这样的家长交流沟通，我们不要太客气，自古以来，因为钱而害了孩子的案例不胜枚举。如果我们不理直气壮地指出金钱教育的危害就不会引起他们的重视。如果你觉得你的意见和观点对孩子的成长是有利的，就要毫不顾忌的讲出来，我们可以明确地告诉他们：适当对子女进行物质的奖励是可以的，但如果是一味地以物质奖励为主，孩子在学习上的动力就不会太长久——因为满足与不满足，都不会激发他们持续学习的动力。真正持久的学习动力来自学生自身的精神，而不是单纯的外界物质刺激。

虽说家长的类型多种多样，但是我们与家长交流沟通时有一些总的原则还是要把握的，概括来说，就是“六有”：

第一，有礼。作为教师，我们与家长接触，也有一定的规矩，这个规矩就是尊重家长，谦和待人。我们不要以为我们是老师，就对家长不热情，尤其是对于犯了错的学生家长，爱搭不理，张口就训，这都是大忌。第一时间将学生与家长对号入座，见面主动问好，放下架子，一团和气，即使学生捅了天大的篓子也不能一蹦三尺怒发冲冠，毕竟有理不在声高，家长是配合我们解决问题的，不是听你来训的，这一点还是要明白的。

第二，有信。有信是家长信任和依赖你的基础。一般来说，大多数家长对老师的

信任是发自内心的，因为他们的孩子在你的手里。作为教师，我们一定要珍视这份信任，与家长交流要大方自信，对于家长的合理要求要认真承诺并落在实处。要秉承为师者传道、授业、解惑的天职，牢记教书育人的本分，以自己“有信”的言行维护教师这一职业品牌的光辉与纯洁。

第三，有据。与家长沟通时，无论是随便聊天，还是向家长介绍学校情况 、学生在学校的表现 ，都在言之凿凿、证据充分，切忌信口开河。试想，如果教师向家长讲述某些道理时，举的例子纯属子虚乌有，或是驴唇不对马嘴，家长不仅不会接受，甚至会嗤之以鼻，教师的威信就会大打折扣；如果教师批评学生的事实不确凿、理由不充分，学生和家长不仅不会真心纠错，反而会据理力争，使我们立于尴尬之地。

第四，有数。“凡事预则立，不预则废”，与家长和学生谈话当然也不例外。一定要明确谈什么、怎么谈；要达到什么目的，绝不能打无准备之仗。同时对沟通中可能出现的问题，也要有个大概的估计，要力求谈一次，成功一次。一个准备充分的教师，即使是去找家长理论，我们也能够把家长说得心服口服。

第五，有趣。即使你再德高望重，有趣的老师也比严肃的老师受人欢迎。我们与家长沟通交流，一是语言灵活、风趣、不死板；二是要表情亲切随和、不让人望而生畏；三是要有生活情趣，和家长谈得来；四是要平易近人，不要拒人于千里之外。

第六，有度。度是一切行为的标准，适度才能够展示和谐之美，不合度则容易闹纠纷、起战火。这里说的度，一是说话要有度，切忌让自己的情绪影响家长，更不能因为一时的不高兴，说一些有损于家长自尊心的话，甚至威胁、恫吓家长。二是行为要有度，举止要合乎一个教师的身份，不能太随便，尤其是发表见解时一定要注意场合，不能在家长面前散布偏激或者是不着边际的牢骚，谈话也需要因材施教，确定好层次。三是对家长提出的要求要合理，要让他们通过努力能够达到。

总之，教师协调沟通能力的增强对于班级中师生自主管理水平的提高有着极大的推动作用，也为级部领导日常自主管理的实施减轻了压力和不必要的负担。

第九节 “自主管理”促进学生核心素养的提升

核心素养的提出是时代发展的需要，重视学生核心素养的发展是当今世界教育改革的共同趋势，也是我国深化基础教育改革的热点。2012 年 11 月十八大报告中，首次以 24 个字概括并倡导社会主义核心价值观，提出要求，国家层面：富强、民主、文明、和谐；社会层面：自由、平等、公正、法治；个人层面：爱国、敬业、诚信、友善；并以此作为立德树人的高标准。24 字价值观的提出进一步推动了中国教育界对核心素养的研究。

一、我国学生发展核心素养的总体框架

2013 年教育部成立了以林崇德教授为首席专家的“核心素养研制组”，依据 2016 年 9 月课题组公布的研究结果，核心素养是指学生在接受相应阶段的教育过程中，逐步形成的能够适应个人终身发展和社会发展需要的必备品格和关键能力。中国学生发展核心素养是以培养“全面发展的人”为核心，分为文化基础、自主发展、社会参与三个方面，综合表现为人文底蕴、科学精神、学会学习、健康生活、责任担当、实践创新六大素养，六大素养又具体细化为审美情趣等十八个基本要点（表 1）。

表 1　中国学生发展核心素养总体框架

三个方面	六大素养	十八个基本要点
文化基础	人文底蕴	人文积淀
		人文情怀
		审美情趣
	科学精神	理性思维
		批判质疑
		勇于探究
自主发展	学会学习	乐学善学
		勤于反思
		信息意识
	健康生活	珍爱生命
		健全人格
		自我管理
社会参与	责任担当	社会责任
		国家认同
		国际理解
	实践创新	劳动意识
		问题解决
		技术应用

由此可见，核心素养是关于学生知识、技能、情感、态度、价值观等多方面的综合表现，是学生获得成功生活，适应个人终身发展和社会发展需要的不可或缺的共同素养，是学生在发展过程中应该形成的最关键、最必要的基础素养。

二、以“自主管理”研究促进学生核心素养提升

（一）研究内容

为提升学生核心素养，学校以学生的自主发展为突破口，启动了班级自主管理“双六能力”研究，将骨干教师队伍分为两个层面分别进行研究。其中学生层面研究的六种能力，分别是：自主管理能力、道德评价能力、生活自理能力、与人相处能力、发展规划能力、活动体验能力；班主任层面研究的六种能力分别是：常规管理能力、协调沟通能力、行动研究能力、干部培养能力、预见应变能力、教育转化能力。通过将每种能力的研究划分为中小学两个学段两个小组各自研究，然后再以小课题研究的方式为同一种能力的研究者提供了“智慧碰撞”的平台，大大促进了研究的热情、拓宽了研究的广度和深度。

研究过程大致分四个阶段进行，第一阶段组织专家培训，骨干引领，选购图书进行辅助学习；第二阶段：结对探索研究，以课题为媒介，推动研究者思想的“智慧碰撞”；第三阶段：利用假期进行教师校本培训，组织“六能”研究者进行论坛交流，发表研究的初步成果；第四阶段：全体师生参与实践研究，反馈纠正，总结展示，编辑《自主管理“双六”能力培养集锦》丛书，进行成果分享；第五阶段：以丛书内容为技术指导，设计对应活动为载体，以多元评价的方式为导向，推动研究进一步向纵深推进。我们这里提到的“六能”仅是核心素养中涉及德育几个基本要点的能力展现，也是我们基于自主管理角度探索的切入点。

不管是教育教学还是日常管理，小组评价作为“自主管理”方向引导与调整的“指挥棒”始终是我们学校各个层面（领导层、班主任层、任课教师及生活教师层）探索的重点，每次的行政会、教学会都将对小组评价的研究实施作为保障自主管理效度的基石。

（二）活动方式

围绕“双六”能力，学校开展形式多样，丰富多彩的活动，以活动为载体，通过个人规划、小组规划、道德自我矫正书、与人相处班级故事会、学生生活自理技能展示、自主策划实践活动、主题班会设计、项目总结交流会、我的课堂我做主甚至是

“主持主讲”课堂等一系列活动，提高了学生自主管理能力。特别学生“学委、纪委、监委”会等自管组织利用宣传栏、广播台、电视台、校园网和微信公众号等进行的宣传推介活动，大大促进了学生的自主发展。学校也借各种会议或者上级召开现场会的契机，多次组织了班级自管观摩活动，如班级文化观摩、主题班会观摩、各学科的公开课观摩、自习课观摩、班级合唱等比赛活动的观摩。通过观摩活动和研讨活动，各级自管会在班级自管方面都梳理出了许多优秀做法，如学生以小组为单位主持召开家长会、小组联合体组织进行“课堂大 PK”等活动。其中尤以美德银行储蓄卡进行各类币种美德行为储蓄活动的推广，更激发了学生自我教育的潜能，提高了学生自主管理层次，更初步具备了适应社会发展的关键能力。模拟法庭活动更进一步到人民法院实地参观法庭审理案件的全过程，在校园中为处理学生间的纠纷，化解学生间的矛盾，其自主管理的力度和效果得到了最好的体现。

（三）反思评价

反思对于任何一个人都非常重要，在活动中学会自我反思，才会进行自我教育，推动自主发展。评价是引领方向的，是引导学生由“他律”逐步转向“自律”的“方向盘”。在实施学生自主管理过程中，督导检查与反思评价是非常重要的一环。为了落实评价多元化的思路，推动“人人都是管理者，人人都是被管理者”的思想理念落在实处。学校每年改进完善评价机制，从小组评价、班级评价道级部评价，除了“捆绑”形式的集体评价外，也尽可能多地将自我评价按一定比例纳入综合评价。为了集体创优，各小组充分利用每日反思和每日晨会的机会，集体批阅落后个人的反思，跟踪整改个人问题，集体研讨小组改进的措施，相互提醒警示、相互合作完善，组内形成不甘落后、人人争先的良好局面。通过每生日反思（主题反思、命题反思、个性化反思等形式）、班级自管会周反思、级部自管会月反思，配合各类过程性检查记录和评价的反馈矫正功能，将学生自主管理落到实处。在反思评价中，各类自管会还创新反思的内容与形式，形成积极、友好、平等和民主的评价关系，为此学校通过评选优秀自管会积累了丰富的过程性材料，为深入进行自主管理研究提供了素材。

如何将对学生的个体评价和对小组的团队评价有机结合，采取恰当、有效的评价方法去激发学生的学习热情，提高学习成绩，从而使小组评价成为班级自主管理的一种有效手段。通过研究，学校的评价主要体现了“三性”，即小组的划分建立要体现均衡性，小组的评价要体现公平性，小组的评价要体现持续性；在评价的过程中，各项评价标准也在不断修正，但不管评价标准如何变动，学校始终要求“淡化个体、强化整体”的原则。这样考察对象就变成了整个小组，学生个体的荣誉就是小组的成绩，学生个体的失败同样是整个小组的耻辱，强化了小组为共同体的归属感。例如：班级选团员时可以以小组为单位投票选举，一票抵四票，同时任课教师参与，代表一个小组，从而使投票选出的学生更有代表性和集中性。对评价结果的周评价、月评价、期中期末等评价都适时通过网络信息平台（QQ、微信、短信等）通知家长，小组的评价由班干部通知，组员的评价由组长通知，从而在评价上让家庭教育也为自主管理服务，从而产生了积极的作用。例如：马霄楠同学作为班长，发现本班存在的问题，能及时组织召开班会，开展批评与自我批评，适时解决出现的问题；开家长会时也能针对家长接打手机等不尊重人的现象直面予以委婉的制止。她的班主任如是自豪地说：“有了马霄楠，班级的小事情基本不用我出面了。”在她的带动下我们又培养出许多具有领导能力的小班长、小干部，有效推动了自主管理的深入进行。

（四）榜样引领

在培养学生核心素养上，我们坚持的方向、认同感、支持率如何，最关键的要有典型人物的示范引领，从而为我们的研究方向起到实例的支撑作用。学生在活动的参与中，在自主管理的熏陶下，需要不断提升层次和空间，取得各方面的荣誉来验证我们的做法是正确的、超前的。如感动双语十大学生、杰出少年、新时代好少年评选等起到了榜样引领的作用。最典型的学生代表马某某，在没有试行自主管理研究的小学阶段，表现较好，但不突出。进入初一开始学校大力度推进自主管理研究，为她提供了许多锻炼的平台，担任学校学生会主席、校报主编、爱心联盟社社长、朝阳文学社社长、市环保志愿者社团团长、《今日莱州》报社小记者等。在校期间被评为孝德小明星、感动双语十大学生之一、莱州市杰出少年等称号，在各级各类比赛中多次获奖。后来学校输送到一中，其自主管理能力得到了持续发展，参加模拟联合国活动、担任学校学生会领导，在参加众多的活动中还没有耽误文化课的学习，获得了2014年山东省文科状元，为学校自主管理的研究提供了榜样，为学生、家长、教师参与的积极性吃了定心丸，对自主管理的推进提高起到了推动作用。

（五）愿景展望

从认识事物到接受事物，这是一个长期的过程。社会对核心素养的认同与接受需要一个长期的过程，更何况基于自主管理角度进行学生核心素养的培养探索过程，既需要时间验证，更需要发展的空间。学校在深化对社会主义核心价值观的理解基础上，通过为学生的自主管理营造氛围，更培育了学生自我教育精神——通过认识自己、要求自己、调控自己和评价自己，达到自己教育自己的目的。自我教育与他人教育因素是相辅相成的关系。没有自我教育的教育不是真正的教育，教育的目的必须通过受教育者的内化才能真正实现，外因必须通过内因才能起作用，这是人人皆知的道理。一个学生只有当他把教育者提出的教育要求变成了自我要求，并把它付诸实践的时候，教育目的才能真正实现。只要耐心并持之以恒地将自我教育与自主评价贯彻落实，从而激发出学生自我管理的热情，培育自主管理积极性，核心素养的提升就会水到渠成。

三、“自主管理”的实践效果

在德育工作中，我们认为，学生的自主，不是盲目的自主，而是对教师提供的多样的教育资源进行自主的选择。学生自主的过程，归根结底是自我建构的过程。实施“以生命为中心”的德育体系以来，学生在丰富多彩的活动中提升了道德力量，丰富了精神经历，充实了生命内涵。随着学生发展核心素养的出台，学校结合学生存在的德育问题进行问卷调查并进行了相关数据的分析（表2），针对数据反映的薄弱问题，为了有针对性提升学生德育方面的核心素养，促进学生自主成长，学校启动了基于能力发展的学生自主管理课题的深入研究。在研究的进程中，每年学校都要组织学生问卷，进行数据的验证与分析。结合学校组织的学生问卷调查结果，通过前后数据的对比分析，学生的成长显而易见，核心素养得到了全面提升。通过近三年对学生行为习惯的监控、记录与测查，统计得出学生习惯认知水平平均每年提高7．6%，学生的行为习惯达标率由原来的75%提高到了95%以上。家长对学校、对教师的满意率也逐年提升到了98%以上。学校的社会影响日渐深远，吸引了全国、全省诸多学校前来参观，在山东省首届创新节、社会主义核心价值观进校园及全国中小学德育综合改革成果展示等现场会上，赢得了高度赞誉。

2016～2017学年度上学期双语学校德育问题调查问卷数据分析

德育模块	小学低年级量化分数					小学高年级量化分数					初中量化分数				
	年级	正确认识率（%）	模糊认识率（%）	错误认识率（%）	正确认识统计率（%）	年级	正确认识率（%）	模糊认识率（%）	错误认识率（%）	正确认识率合计（%）	年级	正确认识率（%）	模糊认识率（%）	错误认识率（%）	正确认识率合计（%）
习惯教育	1、2	81.8	6.5	11.7	81.8	3	85	13	2	88.67	6	83.09	9.52	5.38	82.75
						4	92	3	5		7	82.07	9.42	8.33	
						5	91.1	7.3	1.6		8	82.43	8.21	8.98	
											9	83.42	8.48	7.61	
公民道德教育	1、2	88.8	8	3.2	88.8	3	86.6	10.9	2.5	91.28	6	74.91	13.94	12.16	78.33
						4	92	5	3		7	77.26	14.02	7.70	
						5	97.7	1.4	0.9		8	80.12	11.61	7.89	
											9	81.04	11.19	7.30	
健康安全教育	1、2	63.4	27.8	8.8	63.4	3	64.7	30	5.3	79.48	6	81.64	12.29	4.29	83.50
						4	88	9	3		7	83.32	11.07	4.39	
						5	94.8	3.3	1.9		8	84.60	10.52	4.48	
											9	84.42	10.75	4.38	
敬业奉献	1、2	72.9	13	14.1	72.9	3	80	12.8	7.2	83.8	6	83.57	5.68	9.6	84.19
						4	85	8	7		7	84.08	13.0	1.42	
						5	86.4	8.1	5.5		8	83.48	13.43	2.48	
											9	85.63	10.83	2.43	
法治教育	1、2	63.8	31.2	5	63.8	3	73.9	20	6.1	81.66	6	80.44	12.28	5.27	80.31
						4	82	15	3		7	76.90	16.16	6.13	
						5	93.9	3.9	2.2		8	82.31	10.72	6.54	
											9	81.58	11.20	6.66	
生态教育	1、2	93.7	2.1	4.2	93.7	3	95	0	5	96.43	6	73.44	10.30	14.37	74.31
						4	97	2	1		7	72.69	10.98	15.44	
						5	97.1	2.1	0.8		8	73.80	9.73	15.86	
											9	77.30	8.16	13.99	
爱国主义教育	1、2	96.8	0.3	2.9	96.8	3	95.5	1.9	2.6	95.48	6	79.77	10.33	7.75	81.43
						4	90	4	6		7	80.90	8.81	8.93	
						5	99.4	0.6	0		8	82.03	8.19	9.21	
											9	83.01	7.29	7.74	

续表

德育模块	小学低年级量化分数					小学高年级量化分数					初中量化分数				
	年级	正确认识率（%）	模糊认识率（%）	错误认识率（%）	正确认识统计率（%）	年级	正确认识率（%）	模糊认识率（%）	错误认识率（%）	正确认识率合计（%）	年级	正确认识率（%）	模糊认识率（%）	错误认识率（%）	正确认识率合计（%）
理想信念教育	1、2	64. 1	19. 2	16. 7	64. 1	3	70. 8	27. 2	2	76. 31	6	78. 34	11. 41	9. 79	81. 11
						4	71	29	0		7	77. 88	12. 96	7. 76	
						5	90. 5	6. 5	3		8	83. 62	8. 90	6. 96	
											9	84. 61	8. 67	6. 22	
民主教育	1、2	88. 7	4. 7	6. 6	88. 7	3	95. 9	0. 6	3. 5	96. 35	6	79. 76	10. 42	8. 07	82. 97
						4	95	1	4		7	82. 01	10. 36	5. 45	
						5	98. 1	1. 9	0		8	84. 32	8. 41	6. 89	
											9	85. 79	7. 52	6. 23	
国际教育	1、2	75. 5	11. 9	12. 6	75. 5	3	83	15. 6	1. 4	81. 8	6	91. 43	5. 83	2. 74	93. 88
						4	73	21	6		7	93. 5	4. 50	2. 0	
						5	89. 4	8. 6	2		8	94. 81	3. 32	1. 83	
											9	95. 78	1. 32	2. 79	

主要参考文献

[1] 王坦. 合作教学导论[M]. 济南:山东教育出版社,2007.

[2] 佐藤学. 学校的挑战——创建学习共同体[M]. 钟启泉,译. 上海:华东师范大学出版社,2010.

[3] 涂子沛. 大数据[M]. 桂林:广西师范大学出版社,2013.

[4] 鲍海起. 创生课堂——合作达标能力课堂教学理念与实践操作[M]. 北京:现代教育出版社,2018.

[5] 赵福庆等. 合作达标教学模式的建构与实践[J]. 当代教育科学,2013(6).

[6] 赵福庆等. 构建基于生命成长的能力课堂[J]. 教育文摘周报,2015(12).

[7] 刘冬梅等. 生命成长共同体发展路径[M]. 北京:现代教育出版社,2018.

[8] 赵福庆等. 学校自主管理的五大策略[J]. 中国教育学刊,2019(s).

[9] 核心素养研究课题组. 中国学生发展核心素养[J]. 中国教育学刊,2016(10).

[10] 冯建军等. 论新生命教育课程的设计[J]. 课程·教材·教法,2017(10).

[11] 冉乃彦. 真正的教育是自我教育[M]. 北京:新世界出版社,2004.

[12] 李玉霞. 生命有道——儿童生命道德教育的思考与实践[M]. 北京:开明出版社,2018.

[13] 李进成. 班主任有效沟通的艺术与技巧[M]. 北京:中国轻工业出版社,2016.

图书在版编目（CIP）数据

让生命在学生自主中绽放精彩 ：学生“自主管理”模式的建构实践 / 杜涛，戴彦，冯伟青著．-- 湘潭 ：湘潭大学出版社，2023.6
ISBN 978-7-5687-1142-5

Ⅰ．①让… Ⅱ．①杜… ②戴… ③冯… Ⅲ．①学生－学校管理－研究 Ⅳ．①G47

中国国家版本馆 CIP 数据核字（2023）第 110337 号

让生命在学生自主中绽放精彩 ：学生“自主管理”模式的建构实践

RANG SHENGMING ZAI XUESHENG ZIZHU ZHONG ZHANFANG JINGCAI:
XUESHENG “ZIZHU GUANLI” MOSHI DE JIANGOU SHIJIAN

杜涛 戴彦 冯伟青 著

责任编辑：刘文情
封面设计：张　波
出版发行：湘潭大学出版社
社　　址：湖南省湘潭大学工程训练大楼
电　　话：0731-58298960 0731-58298966（传真）
邮　　编：411105
网　　址：http://press.xtu.edu.cn/
印　　刷：长沙创峰印务有限公司
经　　销：湖南省新华书店
开　　本：787 mm×1092 mm 1/16
印　　张：11
字　　数：215 千字
版　　次：2023 年 6 月第 1 版
印　　次：2023 年 6 月第 1 次印刷
书　　号：ISBN 978-7-5687-1142-5
定　　价：50.00 元